沟　　通

张　莉　编著

电子工业出版社

Publishing House of Electronics Industry

北京 · BEIJING

内 容 简 介

本书贴近学生实际情况，从聆听与表达两方面来训练学生的语言交际能力，围绕开放性、实用性、职业性三大特点展开设计，分为基础入门篇、校园生活篇、社会职场篇三类来设置螺旋式上升的能力训练点。基础入门篇中主要是掌握基本的听和说的技能、方法；校园生活篇则是从技巧层面来提升聆听和表达的能力；社会职场篇是结合各类专业有针对性地进行训练，为学生进入职场做铺垫。三个模块有梯度地进行布局设点，针对不同层次、不同需要的学生进行精细化训练。

图书在版编目（CIP）数据

沟通 / 张莉编著. —北京：电子工业出版社，2017.12

ISBN 978-7-121-33406-1

Ⅰ.①沟… Ⅱ.①张… Ⅲ.①人际关系学—职业教育—教材 Ⅳ.①C912.11

中国版本图书馆 CIP 数据核字（2017）第 320553 号

策划编辑：施玉新
责任编辑：裴　杰
印　　刷：三河市鑫金马印装有限公司
装　　订：三河市鑫金马印装有限公司
出版发行：电子工业出版社
　　　　　北京市海淀区万寿路 173 信箱　邮编　100036
开　　本：787×1 092　1/16　印张：10.75　字数：275.2 千字
版　　次：2017 年 12 月第 1 版
印　　次：2020 年 7 月第 4 次印刷
定　　价：35.00 元

凡所购买电子工业出版社图书有缺损问题，请向购买书店调换。若书店售缺，请与本社发行部联系，联系及邮购电话：（010）88254888，88258888。

质量投诉请发邮件至 zlts@phei.com.cn，盗版侵权举报请发邮件至 dbqq@phei.com.cn。

本书咨询联系方式：（010）88254598，syx@phei.com.cn。

前　言

随着社会的发展和进步，口语交际已然成为传递信息、组织生产、推广产品、发展科学，以及人们在社会交往中表达情感、交流沟通所使用的重要工具。社会中的大多数个体都无法离开口语活动。西方人曾经把"口才、美元和电脑"作为三大战略武器，中国也曾有说法，"一人之辩重于九鼎之宝，三寸之舌强于百万之师"，就职业学校的学生而言，具备较强的口语交际能力是适应职业发展的需要，更是未来社会竞争中的核心竞争力。基于此，我们在多年教学经验的基础上探索尝试，编写了本书——《沟通》，以供广大职业院校的在校学生学习使用。

本书的主要特点如下。

一、突破传统的"重知识，轻练习"、"重表达，轻聆听"的教材模式，构建体现职业岗位能力的项目任务式的教材体系。教材编写围绕开放性、实用性、职业性三大特点展开设计，从聆听与表达两方面来训练学生的语言交际能力，分为基础入门篇、校园生活篇、社会职场篇三类来设置能力训练点。三个模块是有梯度地进行布局设点的，针对不同层次、不同需要的学生进行精细化训练。

二、体例新颖、实战演练，建立以"培养学生聆听能力，训练口语应用能力"为主线的教材体系。教材依据教育对象的认知规律和语言训练规律，采用"情境导入—任务要求—知识准备—案例赏析—任务实施"五个环节的结构，用案例启发，先理论后实践，从宏观到微观，从思路到方法，从模仿到实践，明确概念，布局知识点、能力点和训练点，逐步强化学生的口语交际能力，最终实现由模仿交流到自由沟通的跨越。

三、紧密对接学生在校的专业课程，确保教材的新颖性和科学性。本书以听带说，以说带听，结合聆听与表达有层次地选择材料，利用学生的生活经验进行内容编排，注重激发学生的求知欲和主动性，注重学生基础培养，强化能力，让他们能够学以致用，以此确保了教材的时代性、唯一性。

本书建议教学课时为 68 学时（17 周×4 课时/周），课时分配见下表。实际教学时可视教学时间和教学对象进行调整。

教 学 内 容	讲 授	实 践	合 计
绪论 聆听与表达基础知识	3	3	6
模块一 闻风听雨	5	5	10
模块二 黄鹂婉转	4	4	8
模块三 彬彬有礼	4	4	8
模块四 一鸣惊人	5	5	10
模块五 求职方略	4	6	10
模块六 职场经纬	6	10	16
合计	31	37	68

本书由张莉编著，在编写过程中得到了杨晓燕、王海燕、韩静宇、朱慧芳、王奇的热情帮助，还有要特别提到的是，高建宁、王蕾、林云刚、杨汉东、杨鲁等对于本书的出版给予了大力的支持，在此一并表示感谢。

本书在编写过程中参考了一些相关资料和研究成果，在此表示谢忱。由于编写时间仓促，编著者水平有限，不足之处在所难免，敬请广大教师和读者提出宝贵意见，以期日臻完善。

编　者

目 录

绪　论

基础入门篇

校园生活篇

社会职场篇

绪论

聆听与表达基础知识

知识要点

　　石油大王洛克菲勒说："假如人际沟通能力也是同糖或咖啡一样的商品的话，我愿意付出比太阳底下任何东西都珍贵的价格购买这种能力。"圣者教人雅量高致，沟通令人襟怀恢廓。良好的沟通迸发着清新愉悦、柔和温润，跳跃着活泼与善良。我们渴望"酒逢知己千杯少"的豪迈，我们期盼"与人善言，胜于布帛"的修养。通天巨塔的建成离不开彼此的心意相通，心意相通的语言能够爆发出最强劲的力量。沟通中的听与说犹如呼喊，需要四面环绕的回音，冷漠与冰凉会消磨沟通的美好初衷与激情。同学们，让我们走进交往艺术，进入听与说的殿堂，一起来感受聆听与表达的烟花绽放！

※ 项目引领

林静，明天的公司例会你负责进行工作报告，具体的数据资料我整理好给你。

什么是工作报告？我该怎么汇报呢？除了数据资料的归类，我还需要准备什么吗？

人际交往的信息交流主要通过语言沟通来完成，语言是人类最重要的交际工具。"一言可以兴邦，一言可以丧国"，随着社会的发展，沟通中的聆听能力和表达能力与一个人的事业成功有着密切的关系。个人能力的潜力发展最先突破的正是语言，我们唯有掌握正确的聆听与表达技巧，才能在学习工作中充分展现自己的个人魅力。

※ 项目目标

1. 了解人际交往中聆听与表达的性质、特点和功能；
2. 掌握人际交往中聆听与表达的基本要求；
3. 能够分析聆听与表达的基本结构；
4. 能够正确运用聆听与表达的基本技巧。

→ 任务一　交际的斑斓世界

※ 任务要求

- 了解口语交际的性质、功能；
- 掌握聆听与表达的特点。

※ 知识准备

一、口才的性质

"交际"一词在现代汉语词典中的词义为：人与人之间的往来接触。它是一种人际间的交流和交往的社会活动，是一种真实的语言应用。它除了受人内在的心理因素影响，还受外在社会文化的制约。交际活动的开展离不开社会环境，必须借助一定的工具——包括各种符号形式的交际工具，当今的电话、短信、网络

都将交际的外延和深度扩展到更高的阶段。

口语交际，是一种人类互相沟通的行为方式，社会中的大多数个体都离不开口语的活动。口语交际是一个双向交流互动的过程，个体在动态的环境中，将情感和思想传递给对方，并获得反馈和回应。口语交际的能力就是口才。口才是人们运用口语传递信息、表达感情、交流沟通的能力。在与人交往的过程中，我们会用到口语即有声语言，也会需要应变能力即聆听能力。良好的口才体现在口头表达时简洁、准确、生动，也体现在能够听清、听明、听懂对方的话语而作出正确的反应。口才是一个人的说话能力与智慧、知识、修养相结合的语言艺术。

听说能力正是口语能力的基本组成部分。"说"与"听"相互依存，言语的目的是为了输出必要的信息，表达一定的思想和情感，必要信息的输出是为了让交际对象"听"，"说"是表达的手段，"听"才是表达的目的。"说"的质量好坏直接决定了"听"的效果，"听"的能力会影响接收信息的准确性，如此的循环往复构成了一个完整的信息传递过程。口语交际能力的培养实际上是对"听""说"能力的训练，两者同等重要。

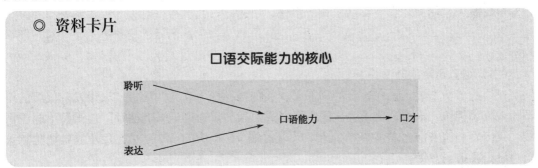

◎ **资料卡片**

二、口语交际的特点

口语表达训练的目的就是提高口语交际能力，旨在养成良好的听说习惯，理解和掌握口语交际的特点，提高口语表达的准确性和艺术性。

（一）语言运用的情境性

1. 交际语言的口语化

由于人际交往中口头语言是最常用的交际语言，因此口语化特征是交际中的一个显著特点。具体表现在：

（1）词汇使用

词义的扩大、缩小，如"蛋糕"原来指一种食品，现在可以指"财富"；

外来词语的增多，如"打的""考托福"等；

网络语言的流行，如"高大上""微博"等。

（2）句法层面

讲话时总有一定的"不言而喻"的情境和语境，无需细说也能够明白；

口头表达可采用多种"词不达，意已到"的手段，如语调、语速、衣着、手势和面部表情；

说话中句子的长短受人呼吸节奏的制约，因此，做演讲、做报告等正规的交流，其句子稍长些；而洽谈、介绍等社交口语，句子可以略短些。

2．交际语言的场合性

（1）把握时机

有一次，著名钢琴家波奇到美国密歇根州的福林特城演出，发现座位多半空着，不免尴尬。他灵机一动，向观众说道："朋友们，我发现福林特这个城市的人都很有钱——因为你们每个人都买了两三个座位的票。"话音刚落，大厅里顿时充满了笑声。音乐会就在和谐的气氛中开始了。

说话要把握时机，怎么说，什么时候说，要适时得体。如钢琴家的话只有在特定的时机才合适，否则就会变成讽刺性的语言。

（2）把握场合

一般情况，正式场合的用语郑重、规范；非正式场合的用语轻松、随便。大庭广众下说话要清晰、规范；私下可以缓慢、自然。同时也要看对象使用相应的语言，如有人家喜得贵子，你作为客人对着人家说"生老病死是个自然的过程"，尽管这句话没有错误，但场合却很尴尬。又如面对少儿讲话尽量故事化、口语化，我们可以对大人说"亲人的离去是死亡"，面对孩子可以用"远走高飞"等词语。这些语言斟酌的目的恰恰是为了让对方理解和听懂。

（二）语言运用的节奏性

口语的节奏主要表现在声音的高低起伏、抑扬顿挫。高亢的语调催人迸发，低沉的声调让人沉思神伤。语调是口语变化的主要形式，虽然汉语声调只有四种，但语调不同于声调。我国著名的表演艺术家赵丹在新中国成立前，在重庆的一次宴会上用不同语调吟咏菜谱，让宾客拍案叫绝。

语音包含物理属性、生理属性和社会属性。物理属性就是音高、音强、音长和音色四种。生理属性指的是发音的器官。社会属性是指语言的各种意义都是靠语音在表达，语音和语意之间是约定俗成的社会公认关系。

（三）语言运用的准确性

口语交际目的在于双方正确地交流信息，给出正确的反应，因而准确性是交际语言的特点，其主要表现为：

1．语音的标准、清晰、流畅；

2．能够听懂对方的话语并及时地反馈；

3．思维敏捷而有条理，能够迅速准确地组织语言来表达思想和情感，语言运用恰当，符合说话者的身份，并能够尊重听者的感受；

4．态势语的恰当运用，可以表现出良好的个人素养，口语的表达与表情、动作是协调一致的。

三、口语交际能力的要求

口语交际是传递信息、交流信息，进行社会工作的主要工具和手段。口语交际能力也是一个人个性修养的组成部分之一，更是综合素质的体现。口语交际能力的强弱决定着个人的发展空间，也决定了个人生活质量的高低。卡耐基关于成功的定义是15%依靠技术，85%依靠人际关系和处世技巧，而处世技巧几乎都要依托"听说"去实现，因此能够达到口语交际能力的要求就尤为重要。

（一）准

口语表达无论是听还是说都要做到准确。首先，用词应当符合多数人的理解和认知范围；其次，用词应当恰当明白，说话者要语意明确，不能含糊其辞或是词不达意；第三，要防止说错，或是破坏语境，如有人把"造诣"说成"造指"、"第三"说成"小三"等。

（二）简

复杂的内容简明化，抽象的东西具体化。如有的导游在向日本游客介绍黄河时，就说"黄河全长 5464 公里，相当于东京到博多的新干线长度的 5 倍"，将已知的要素和未知的事物比较，客人立刻就明白了黄河的具体长度。

（三）趣

有趣味是口语交际的重要特点及要求。生动的语言能够激活听者的思维，让其头脑中产生的形象变得活泼、生动。既要运用大量的词汇，也需要句式的灵活多变，其次还要注意抑扬顿挫。同时还要兼顾表达方式，时而抒情，时而描绘，时而陈述，时而议论。

（四）智

一个有智慧的交往主体在交际中应当呈现出高尚的情操、良好的修养、优良的品质、积极的心理和周到的举止。因为语言是一个人综合素质的呈现，在表达时，需要口、耳、目、舌和知、情、意、行相协调。如老师批评学生的作业不用心，如果说"你是个笨猪"，这既忘记了自己的身份，也忘记了说话的对象。如果能够说"是我上课的方式让你无法做出令人满意的作业吗"，既点到了学生的错误，也间接可以了解学生的学习状况；既符合自己的身份，也达到顺利交流的目的。

"与人善言，胜于布帛"，语言是思维的外衣。思维是人的第一智力因素，口才培养和口才锻炼的重要性已被人认同。如何培养口才，如何训练听说能力，是我们共同努力的方向。

※ 任务实施

★ 拾趣

1. 什么是口才？请从性质和特点两个方面加以分析。
2. 结合你的某段经历，谈谈口语交际能力中听与说的重要性。

★ 入境

3. 思考下面的故事中朱元璋的两个儿时伙伴为什么得到了两种不同的待遇。

朱元璋和他的儿时伙伴

朱元璋做了皇帝以后，一天，他儿时的一个伙伴来京求见。朱元璋很想见见他的老朋友，可又怕他讲出一些以前不大光彩的事情，犹豫再三，还是让他进来。那人一进大殿就大礼下拜，高呼万岁，说："我主万岁，当年微臣随驾扫荡庐州府，打破罐州城。汤元帅在逃，拿住豆将军，红孩子当兵，多亏蔡将军。"朱元璋听完他的这番话，心里非常高兴，重重地封赏了这位老朋友。

消息传出，另一个当年一块放牛的伙伴也找上门来了，见到朱元璋，激动万分，指手画脚地在金殿上说道："万岁，你不记得吗？那时候咱俩都给人放牛，有一次，我们在芦苇荡里，把偷来的豆子放在瓦罐里煮着吃，还没等煮熟，大家就抢着吃，把罐子都打破了，撒下一地的豆子，汤也泼在泥地里，你只顾从地下抓豆子吃，结果把红草根卡在喉咙里，还是我的主意，叫你用一把青菜吞下，才把那红草根带进肚子里。"当着文武百官的面，这番描述让朱元璋又气又恼，哭笑不得，只好喝令左右把他拉出去斩了。

★ 下水

4. 请将下列词语连缀成篇：阳光、沙滩、女孩、男孩、大海。

→ 任务二　走进听说磁场

※ 任务要求

• 理解口语交际中聆听、表达的概念；
• 掌握聆听、表达的结构要点和基本形式。

※ 知识准备

一、口语交际的活动形式

口语表达能力并非先天形成，后天培养是其决定因素，在口语交际中，包含了听、说、读、写四大活动。听清对方的话语或给出的材料，在大脑中对信息进行加工、解读后，设计腹稿，最后将考虑好的内容通过嘴巴流畅地表达出来。因此，口语交际并非仅限于"说"，它是一个连续动态的过程，从接收器和发射器的角度考虑，我们可以将动态过程分解成听与说、读与写四大隐含活动。

二、聆听与表达

"聆听"一词最早出自汉扬雄《法言·五百》中的"聆听前世，清视在下，鉴莫近于斯矣"，指能够集中精力地、认真地听。它属于有效沟通的必要部分，以求思想达成一致和感情的通畅。它不是简单地用耳朵听，也不仅仅是用耳朵去听说话者的言辞，而是需要听话主体能够感受对方谈话过程中的言语信息和非言语信息。

表达，指将思维所得的成果用语言、语音、语调、表情、行为等方式反映出来的一种行为。它以传播为目的，以事、物、情、理为内容，以语言为工具，以听者和读者为接受对象。在口语交际中，听者是主要的接收对象，而运用的语言也以口头语言为主。

由于聆听与表达是口语交际中活动的不同侧面，因此它们是互为因果的关系，即聆听的内容会直接影响表达的效果；反之，表达的内容也会决定对方聆听的效果。根据在交际过程中对信息的需要程度，聆听与表达可以分成如下层级：

（一）听清——说清

在母语学习的过程中，"听"是火车头，语言的快速发展首先应当是"打通耳朵"，听清就是能够正确辨认音节、声音和速度，是对材料的一个基础认知的过程。

说清就是在听清的基础上，将听到的语言材料诉诸口语表达，能够完整准确地表达出信息，或重复，或回答。这是口语交际的第一层级。如听到"我今天下班不回来吃饭"，作为回答我们一般说"知道了"。

（二）听明——说明

在对材料有一个基础认知后，听明白是聆听的第二层级，它要求听话者能够辨识语言材料的隐含信息，是对材料的加工过程。这就要求听者能够在接受语言材料后有一个选择和理解的能力。与之对应的是说明白，即根据表达需要选择语言材料并组成话语形式的能力，它是建立在听清、听明白的基础上的选择。如果听到"我今天下班不回来吃饭了"，说话者可以根据自己表达的需要反问"今天有什么事吗"。

（三）听懂——说好

语言表述的真正意义除了看内容之外，与表述者的语境、身份、态度都密切相关。同样一句话，其实质的意义可能由于说话者所处的语境、所代表的身份、所投入的态度而有天壤之别。听懂的含义即能够在听清基本要素、听明潜在信息之后，能够听出对方的情感态度、褒贬与否及延伸语意。而说好就是在听懂语言信息后，根据表达目的进行自我调控，及时地调整语言材料和话语形式。无论是听或是说，都侧重对语言材料的选择和话语形式的组合。我们继续刚才那个例子"我今天下班不回家吃饭，不用等我"，在这句话中，言说者告知了自己下班后的安排，但并没有解释自己不回家吃饭的原因，因此听话者在接受这个信息后，便不应再追问原因，只需要回答"好的"，就顺利完成了沟通间的信息传递。

三、聆听与表达的结构要点

聆听的目的是明白对方想告诉我们什么，表达的目的是我想告诉对方什么，"什么"囊括的信息可以分成事、物、情、理。

（一）事

事是聆听与表达中最普及的信息交流，指主客体对人物的经历和事件的发展变化及场景、空间转换的了解。在事的交流中，侧重掌握的是时间、地点、人物、事件的起因、经过、结果。无论是说话者还是听话者，为了听清和说清都要从这六个方面去选择语言材料。

（二）物

物是在沟通过程中将诉说对象的情态描绘出来的信息交流，描绘得逼真传神能影响到对方对事件、事物的感受能力。其侧重掌握的是物的形状、色彩、情态。除客观介绍的材料，其余的物都伴随事件的发生而进行陈述。

（三）情

情是说话者抒发和表达自己的情感判断，表达时可以直接抒情，也可以间接抒情。情的背后就是诉说者的态度、价值观，侧重掌握的是情的深浅、真假、好恶。

（四）理

理指的是在交往过程中言说者对某个现象、某件事、某个物发表见解，表明自己的观点和态度，听话者通过对理的把握而明晓对方的思考方向和思考深度。侧重需要掌握的是褒贬态度、褒贬理由。

一段语言材料通常会涉及这四个要点，事、物、情、理同时存在于材料中，说话者可以根据交往目的的需要而整合材料，听话者也可以根据材料整合出正确的语言信息。

◆ 聆听与表达要点实录

在一次公司举办的全国性渠道商会议上，有渠道商向阿光的老板提出希望公司追加市场推广费用，加大电视广告宣传的投放，这样才能协助渠道商推进市场销售。老板听完此话静默了几秒钟，说："你的意见我赞同。加大市场投放是好事，但我们内部可能要再探讨探讨。"接着，老板转头问阿光的意见。阿光是做市场推广工作的，当然清楚市场推广对销售的促进作用，当时就顺着经销商的意思将加大广告投放的好处介绍了一番。

该实录是发生在阿光和老板之间的一次沟通，根据聆听与表达的要点我们来看看阿光的回答是否是老板希望的回答呢？我们先来看看老板的表达：

事：经销商要求老板加大电视广告宣传的投放

物：这段对话中没有涉及

情：静默几秒钟，加大市场投放是好事，但是……

理：但是我们内部还要再探讨探讨

在这段材料中，阿光听到的是老板就加大广告宣传一事的态度、情感，从我们罗列的要点可以看出，老板没有正面对经销商给予回答，并希望阿光能够配合自己，但是阿光由于没有听懂老板的语言信息，而做出了如下的表达：

事：经销商要求老板加大电视广告宣传的投放

物：这段对话中没有涉及

情：加大广告投放大有好处，顺着经销商的意思

理：市场推广对销售的促进作用

阿光的表达与老板给出的语言信息并不一致，显然，阿光在回答中顺应了经销商而没有弄明白老板的真实意图，听清却未听懂，说清却未说好，我们一起来看阿光的结局：

经销商会议后，老板黑着脸将阿光训斥了半个多小时，说阿光没有听懂他的意思，反而逆他的意。这时阿光才明白，刚才在大会上，老板所谓的"赞同"是虚话，他的真实意思却是反对。他是希望阿光听懂他的"暗语"，替他出面回绝经销商这种不切实际的要求。

在一段材料中，无论是听者还是说者都会面临事、物、情、理四要点整合后的语言信息，对这四个要点的把握往往就决定了你是否能够在交际沟通中顺利地同他人交往。

◎ **资料卡片**

聆听任务单

1. 听懂叙述性质的话语，掌握事情发展的脉络。
2. 听清楚字词的读音，理清话语内容。
3. 培养良好的聆听态度。
4. 听懂描述性质的话语，掌握描述对象的特点。
5. 听出关键词和中心句，掌握话语内容大意。
6. 听懂抒情性质的话语，根据语气、语调分析语意。
7. 分析及归纳说话者的立场和观点。
8. 比较、分析、综合来自不同媒体的资料。
9. 理解说话人的立场、意图和观点。
10. 比较、分析、综合不同说话者的观点和论点。
11. 听懂说明性质的话语，抓住事物的特征。
12. 理清话语的脉络。
13. 听懂议论性质的话语，掌握说话者的观点和理论根据。
14. 根据说话者的言论做合理的推断。
15. 根据话语主题，分清内容层次。
16. 联系生活经验及已有知识理解话语。
17. 理解不同渠道的资讯，识别事实与意见。
18. 评价话语内容的适宜性。
19. 联系生活经验及已有知识，提出新的见解。
20. 听出话语隐义，掌握言外之意。

◎ **资料卡片**

表达任务单

1. 吐字清晰、归音到位。
2. 掌握情、声、气的统一。
3. 学会清晰地表述事情的自然进程。
4. 学会用合理的语言描述事物。
5. 掌握小组讨论的特点。
6. 培养良好的说话态度。
7. 筛选、撷取和整理相关资料，组织好话语。
8. 选定立场，确立个人观点。
9. 适当地开展论题。

10. 掌握说话的条理。

11. 掌握引导讨论的技巧：组织讨论、归纳意见、提问。

12. 多角度论述，观点明晰，见解精辟。

13. 论证有力，言之有据。

14. 回应别人发言（一）：针对问题、说话具体。

15. 适当地陈述观点，说服别人。

16. 回应别人发言（二）：反驳别人的观点。

17. 妥善地承接话题。

18. 适当地提出不同意见及修正他人错误。

19. 仪态得体，表现自信，适当运用势态语。

20. 正确地传递自己对某个问题或者某件事情的情感态度。

四、聆听与表达的基本形式

既然口语交际是个包含听、说、读、写的活动，而读与写隐含在听与说之中，那么是否语文素养高的同学就能出口成章，与人对答如流呢？

（一）聆听与表达能力的影响因素

一个人语言表达能力的产生，不单依靠对语言文字的熟练掌握，还与智能的高低密切相关，要发展语言表达能力，就必须同发展智力水平结合起来，同时还需要语言以外的社会文化知识，因此训练聆听和表达能力需要掌握以下几点：

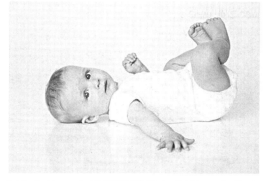

1. 积累相关知识、经验。单纯地学习聆听与说话的技巧只是"能说会道"，并不能成为出色的口语交际家。出色的口头表达能力，敏捷的反应能力是由多种内在素质综合决定的，它需要渊博的知识和一定的文化修养。

2. 运用相应的技能和技巧。表达准确，吐字清楚，节奏分明，注意概括信息材料，条理清楚地分析都是后天可以练习的技巧，只要对相应的技巧加以练习和巩固，聆听能力和表达能力是可以得到提高的。

3. 参加各种增强能力的活动。学校的演讲、班会、讨论会，社会上的街头宣传、信息咨询，包括在课堂上能用自己的话概括老师讲授的内容，都有助于提高口语交际能力。大胆实践，善于总结，及时改进，我们的口语交际能力就会不断提升。

（二）聆听与表达的基本样式

听与说是成对出现的伙伴，它们出现在同一个场景内，根据结构要点，我们可以分成如下基本样式：

1. 完全式：在一段信息材料里，事、物、情、理兼备，听话者和说话者都可以准确地明白交流的目的，这样的形式用于陌生人之间或是普通朋友之间。如"我想借你的 iPad

用一下，正好我的没有电了，你方便借给我吗"，这句话言说者将自己的请求、请求的原因、请求的内容都具体地表达出来，听者只需要回答"可以"或是"不可以"，交流即可结束。

2. 简易式：在一段材料里，出于说话的习惯或是彼此的关系，说话人往往会省去一些不必要的信息，听话者也可以明白对方的用意，这样的形式多用于亲昵的关系或是熟人。如"借你的 iPad 用一下，晚上还你"，这句话省去了事、情、理，只是交代了"物"的去向，而听者也只需回答"同意"或是"不同意"。

3. 省略式：根据某些目的，说话人故意抹去要点，省略信息，往往会具有潜在的含义，听话者和说话者要对省略的信息进行思索才能明白对方的意图。比如：

"我想借你的 iPad 用一下，可以吗？"

"我正在发送文件呢！"

"哦，好的，谢谢。"

这段交流中，听话者显然听懂了对方的请求，但是他没有回答好或是不好，也没有表露自己的意愿或情感态度，只是告知对方自己正在干的事情，即当下无法借给对方用，因此说话者礼貌地谢谢对方以结束沟通。

又如：

"今天晚饭我一个人吃，你呢？"

"要不我陪你吧，我们一起吃啊。"

"太好了，走吧。"

这段材料中，说话者隐去了自己的情感、理据，仅仅讲了自己独自晚饭的事情，而听话者却听懂了对方隐去的信息，立刻回答希望能够和对方一起吃晚餐，两人做了积极有效的沟通并达成了一致。

很长一段时间，"说"成为我们选择的沟通方式。吵架的时候，我们放任心情表达愤怒；别人不理解自己的时候，我们绞尽脑汁为自己辩说；想对父母尽孝心的时候，我们总是把自己的心意说给父母听。因为它够快、够直接，而听比说做起来更需要毅力和耐心，只有听懂别人的意思才能沟通得更好。关上耳朵，张开嘴巴的谈话，不是沟通；张开耳朵，关闭嘴巴的沟通也是消极的。多听，是一种积累，听完后的表达往往才能实现有效积极的沟通。

※ 任务实施

★ 拾趣

1. 帮帮他

（1）德国诗人海涅因为是犹太人，经常受到各种无礼的对待。在一次晚会上，一个旅行家对海涅讲述了自己在环球旅行中发现的一个小岛，他说："那个海岛最让我吃惊的是岛上没有犹太人和驴子。"很明显，这个旅行家是含有恶意的，海涅白了他一眼，作了回答。猜一猜：他会怎么回答？

（2）大作家安徒生，一次由于没有办成女友托他办的事，非常自责，他对女友说："你不会恨我吧？"女友说："我只有对自己亲近的人才会产生恨的情愫。"安徒生很难过，为什么？

★ 入境

2. 找线索

看下面一则材料，分析这则材料中上司和下属的语言属于聆听与表达的哪种样式，并分析下属的表达与上司传递的信息相吻合吗？如果不吻合，请指出问题。

蒙蒙，毕业一年多，在一家广告公司做广告文案策划。她漂亮，聪慧，干活利落，深得男上司赏识。一次，上司交给她一项重要的任务："蒙蒙，我手里有个大型房地产公司的项目，这个客户对公司相当重要，我已经做了一个思路规划，你看一下，尽快给我一份详细的方案。"

蒙蒙很不解：以前都是上司提个要求，策划方案完全由自己完成，而且每次都能得到上司称赞。难道是上司对自己不够放心，不相信自己的能力？她发现上司的思路有一个致命性的错误，如果按照那个思路做策划方案，肯定会遭到客户的拒绝。

于是，蒙蒙又找到上司，蒙蒙说："老板，你的思路根本不对，应该这样……"

★ 下水

3. 支妙招

阅读下列材料，列出小刘说话的要点，并帮梁静设计回答。

梁静，是一家知名房地产公司的媒介主管，最主要的工作就是同报社电视台打交道，宣传公司形象。性格有些内向的她平时很少跟同事交流。

去年下半年，一次重流感让她离开职位两周多，而此时正是公司新楼盘包装宣传的重要时期，上司把工作临时交给了男同事小刘。梁静觉得自己请过病假，就没有必要在休假期间再想工作的事，专心养病就是了。她把手机也关掉了，期间也不再跟单位和同事打电话了解情况。可是同媒体打交道，小刘毕竟是新手，很多报社电视台的记者他都不熟悉。梁静休病假前，也没有跟小刘进行有关工作交接。现在小刘又联系不上梁静，这让他非常着急，大大影响了工作效率和质量，为此受到了上司的批评。

小刘不敢向上司抱怨，见到梁静后说："梁大小姐终于康复了，恭喜呀！只是这两周你可害苦了我，每天加班到 10 点，还备受上司责难……"

（1）分析：小刘的语言是何深意？
（2）梁静该如何作答？

基础入门篇

知识要点

　　每一朵花开都在诉说着淡淡的花语，每一声鸟鸣都在婉转低回中倾诉对世界的品读。游子对故乡的深情表白，老马回望月光的满足，流水激荡石头的呻诉，这些都告诉我们没有聆听，大自然将陷入死寂；没有聆听，我们终将精神枯萎。唯有善意的聆听，我们的青春才不会老去；唯有聆听，我们才得以思维敏捷地与人交往。聆听每一次灵魂的呐喊，才能用自己的声音告诉彼岸你内心的春夏秋冬；聆听每一段故事，才能让你的生命更加从容。同学们，良好的交往从聆听开始。如果你希望充分运用自己的嘴巴，那么请先腾出你的耳朵来吧，耳朵敲石头，让我们一起耳聪目明！

模块一 ——闻风听雨

※ 项目引领

在日常学习生活中，语言表达是一个人综合素质的表现，在表达时，需要口、耳、目、舌和知、情、意、行相互协调，交际语言已经成为个人思想道德、文化知识、思维品质、心理素质等多方面的具体体现。口头语言是人际交往中最直接、最普遍的工具。学会聆听，锻炼口才，将帮助你走向未来的成功。

※ 项目目标

1. 能够正确听取语意，并作出及时的反应。
2. 能够自然应对听取的话语，并表达正确的观点。

→ 任务一　听记训练

※ 情境导入

江南商学院财务管理专业要进行学生会干部竞选工作，学生会主席林静通知各班班长集合开会，布置下列工作：

林静："一年一度的学生会干部竞选工作已经拉开序幕，烦请各班长回去后通知班级学生如有意向者于三日内到学生会办公室进行报名，携带好不少于500字的个人介绍及2寸免冠照一张。"

各班长回去后进行工作布置，最终50名报名者仅有10人符合要求，为此林静无奈地说："很多同学错过了报名时间，还有很多同学没有携带个人介绍或者照片，我也不知道怎么回事。"

同学们，你们能帮林静分析原因吗？

※ 任务要求

· 了解聆听的性质和特点；
· 通过听记训练掌握听话的要素；
· 能够听懂叙述、描述、说明性质的话语。

※ 知识准备

一、聆听的性质

聆听，指集中精力认真地听取。平时我们所说的"听"仅指用耳朵感受声音，而在人际交往中的聆听是虔诚认真地听取相关信息。良好的聆听能力是人们获取知识的主要途径之一，同时也是人际交往的能力，更是个人心理健康的表现。学会听取他人的意见是重要的学习技能，聆听是对别人最好的尊敬。真正的聆听不但要学会用耳朵去听取，更要学会用心去听取。

二、聆听的要求

一般需要掌握的聆听技巧：

1. 充沛的精神：要让对方对你感兴趣，那么先要对别人感兴趣，良好的精神状态是聆听的首要条件。

2. 给予对方相应的动作和表情：动作和表情能够帮助对方明白你是否在接受他传递的信息。

3. 必要的沉默：聆听重在听，不要急于作出判断或者是回答，沉默能够传递给对方你在思考对方给予的信息。

4. 适时地重复或者提问：在不了解对方含义或是不能作出判断时可以就对方的话语进行重复或者提问，以帮助自己正确听取话语信息。

5. 切勿打断他人的讲话：聆听代表一种心理，随意地打断他人既是没有涵养的表现，也是聆听失败的显示。

三、听记的技巧

（一）听记的话语片段种类
1. 叙述类话语

叙述类话语一般是介绍某个事件的态势发展，在话语中会出现事件的缘由、事件的经过、事件的后果，有时会穿插人物的描写或是心理活动。在对方用自己的视角向你讲述某件事情或者某个人的时候，听话者应当掌握事件发生的起因、经过、结果及事件的核心人物。

2. 描述类话语

描述类话语一般会用生动形象的语言，把人物或者景物的状态具体地描绘出来，它一般能够再现自然景色、事物情状、人物的形貌和内心世界，让事物的环境具体化。由于它能够活灵活现地展现彼时彼景的样貌，因此听话者可以通过描摹的词语判别说话人的语气和情绪。

3. 说明类话语

说明类话语是为了让对方认识、了解到某事物的本质，在实事求是地说明事物后也会清楚地说明事物或事件的优点和缺点。这类话语不会对原有事物进行夸大描述，也不会减少它原有的特点，重在阐明每一个环节。听话者能够从中掌握相应的知识或者了解事物的本质。

（二）听记的技巧

在生活学习中，人们日常交谈时往往会将这三类话语糅杂在一起进行陈说，叙述者会根据自己的需要向听话人传递相关信息，在信息片段中有时会融合三类话语。因此，听话者一般从以下内容来完成对整段话语的听取。

1. 事件的核心人物

在一段话语中，核心人物或是关键人物往往会多次出现，而其他人物大多是陪衬，那么能够识记整段话语的关键人物就相当于了解了事件。

2. 事件的起因和结果

在听取他人讲述时，起因和结果要仔细聆听。起因的掌握能够让你明白事件的性质，而结果的掌握则能让你了解事件的当下情况及说话者的目的何在。

3. 话语中使用的关联词或序数词

一段话我们不可能一字不落地全部听取，那么抓住关键部分就能让我们明白说话者的用意或是事件的重要部分是什么，而能够在语段中充当这样作用的非关联词莫属。"不但……而且……""宁可……也不……""与其……不如……"，这些关联词都将事物的进展侧重在后面的要素；"只要……就……""倘使……还……"这些关联词都将事物的进展侧重在前面的要素。"首先、然后、最后"强调了第一要素；"第一、第二、更重要的是"则强调了最后一个要素。

4. 话语中使用的修饰语

"蠢笨的企鹅"同"欢乐的海鸥"虽都是描写动物，但从前面的修饰语看来，叙述者对两种动物的情感是截然不同的，为了能听明白、听清楚，听话人对说话人的一些修饰语要格外注意，因为说话者的语气情感全然包含在这些字眼之下，如果将爱憎的情感混淆，那么聆听的过程就意味着无效。

◆ 听记训练实录（一）

课 堂 片 段

老师上课时看到同学们的状态突然说："一场战役打得很紧张，深夜开军事会议，毛泽东在讲话，一个将军却在打鼾。在座的将军不禁为他捏了一把汗。没想到毛泽东会说，大家讲话小点声，那边有人在睡觉。结果睡着的将军突然醒了，看到毛泽东看着自己非常惭愧。"老师又问："同学们，你们觉得将军的做法对吗？"

范例：该实录是班级同学当众的一次行为检讨，在听完这段话语后我们可以完成以下内容。

事件的核心人物：老师（反复出现）

事件的起因结果：老师上课看到同学们的状态突然说了故事（突然说起了故事）

关联词："却……"表示不认可这种行为

修饰词：非常惭愧（表示当事人觉得军事会议睡觉的行为是不恰当的）

因此听话者在听完这段话能够听明白老师其实是借着故事提醒那些上课睡觉的同学。

◆ 听记训练实录（二）

你以为我会无足轻重地留在这里吗？你以为我是一架没有感情的机器人吗？你以为我贫穷、低微、不美、渺小，我就没有灵魂，没有心吗？你想错了，我和你有一样多的灵魂，一样充实的心。如果上帝赐予我一点美，许多钱，我就要你难以离开我，就像我现在难以离开你一样。我现在不是以社会生活和习俗的准则和你说话，而是我的心灵同你的心灵讲话。

该文段是摘自《简·爱》中的片段，许多同学都知道，那么按照听记的技巧，我们一起完成以下内容。

语段的核心人物："我"（文段中"我"跟"你"出现的频率等齐，通过最后一句话可以确定）。

语段的起因和结果：起因无法判断，结果是"我"没有任何地方不如你。

关联词："如果……就""不是……而是"可以推知"我"受到了不公的待遇。

修饰词：无足轻重、充实等词语判定说话者有着坚强独立的人格。

听话者在听完叙述者说完这段内容后能够听懂：说话人要求平等独立的人格，不愿做附属品。

◎ 资料卡片

听记的技巧

事件的核心人物	事件的起因或结果
关联词或序数词	修饰语

※ 任务实施

★ 拾趣

1. 咬耳朵

（1）同学们分排坐定，将事先写的纸条给排头看，然后第一位同学轻声告诉第二位（不得给第三人听见），依次传下去，最后一位同学将听到的话写在黑板上。比一比：哪一排同学听后转述的话最为正确？

（2）请仿照"妞妞牵牛，牛拗妞，妞扭牛"的句式造句，找 5 位同学进行接力游戏，看看最后一个同学写出来的内容是否和你造的句子一样。

★ 入境

2. 磨耳朵

找出下面这段话中的一个多音字，读准它的几种字音。请仿照这种方式写一段话读给同桌听，让对方能听出哪个是多音字。

差 强 人 意

今天是我参加学校期末考试的日子，可是由于我在来的路上正好被参差的树丛划破了手，心情总不能平复下来。中途，刚出差回来的班主任李老师看了下我的手，给我送来了一杯温水。我非常感激，心想：这次绝对不能考差，不能总是在小地方出差错了，要仔细。我不要做最差劲的那个。于是我开始认真地答题了。

★ 下水

3. 用耳朵

（1）听读下列材料。

转眼这个学期已经接近尾声，财经系学生会大会暨优秀部员颁奖仪式于 2014 年 1 月 9 日中午 12 点准时在 3 号楼 201 展开。财经系丁云老师，系学生会全体部员参加了本次大会。活动一开始，由主席杨婉宣布了本学期经考察合格，正式进入学生会的新部员名单，并由各个部长为新进部员颁发学生会标志的工作牌。随后，由劳卫部部长陆彦云同学代表主席团对本学期学生会工作做了总结，并结合自己的切身体会与大家进行交流，对新进部员提出了鼓励与期望。大会最后，丁老师对整个学期的学生会工作做了简短的总结，对各位学生会成员一直以来的辛勤付出表示了肯定和感谢，并希望每个学生会成员能积极参与活动，不断提高工作效率，一起为财经系学生会更好的明天而努力！

根据以上材料请完成如下要素：

事件的核心人物：_____

事件的起因和结果：_____

语段的关联词或序数词：_____

语段的修饰语：_____

请用一句话概括本语段的内容：_____

（2）请听录音材料 1，听完后用一段话陈述你所听到的内容，并与同学交流（一则小品文的录音）。

→ 任务二　听话概括

※ 情境导入

请同学们观赏视频《朗读者》片段中主持人董卿对柳传志的采访，并用自己的语言概括出联想集团传奇人物柳传志对待家庭教育的态度是怎样的？

※ 任务要求

· 了解听话概括力的性质和特点；
· 能够听懂叙述、描述、说明、议论性质的话语。

※ 知识准备

一、听话概括的性质

概括是指把事物的共同特点归结在一起加以简明地叙述，让对方在很短的时间内就能明白表达的主要内容。概括是形成普遍性认识的一种思维方法。听话概括力即是在聆听完相关内容后迅速、全面、准确地归纳要点的能力，它既建立在对话语的正确听记之上，也依赖于对话语的理解能力。

二、听话概括力的分类

由于普遍性认识可以是关于事物的表面特征，也可以是关于事物的本质特征，因此听话概括力分为对表面特征的概括和对本质特征的概括。

1. 对表面特征的概括：对材料表面特征的概括属于初级概括，一般只需要全面地掌握占有材料，利用听记的方法，对材料提供的信息能做到如数家珍，从中提炼出自己需要的信息。一般的时间、地点、人物、起因、经过、结果等都属于对表面特征的概括。

2. 对本质特征的概括：本质特征的概括则属于高级概括，它要求听话者能够在分析、综合、比较的基础上，将事物的本质特征和事物本身，及事物的其他属性分离开来，并把话语中的核心要素提到首要的地位加以认识。例如"中国女排经过顽强拼搏，终于又一次获得世界冠军"这句话，经过理解提炼后，它的核心意义是"中国女排二度夺冠"，"顽强拼搏"是原因，结果是"夺冠"，而最重要的信息就是"二次夺冠"。高级概括必须在分析理解的基础上形成，才能对材料有完整的把握。

三、听话概括力的养成

聆听的过程包含了对当事人话语信息的储存、加工和输出，听话概括力也涵盖了这样一个过程。根据听话概括力的特征和分类，我们可以从四个维度来养成良好的听话概括力。

图1

（一）听记力

无论是叙述类话语、描述类话语或是说明类话语，我们都可以凭借良好的聆听态度，运用基本的听记技巧去完整地听取材料，并做出基本的概括。这属于听话概括力的第一维度，听记力是掌握材料的首要能力，因此，对材料的整体把握程度就依赖于听记力的高低。

（二）听辨力

人们对自然界各种音响的识别，都是听觉器官作用于大脑而感知的。人际交往中，良好的听觉不是仅仅有一副"健康"的耳朵，而是能够感知语言，对声音包含的语气、态度有辨别能力。例如，言说者在愤怒或是兴奋时，他的声音高低、情感语气都是不同的，那么作为听者就应当细听、分辨其中的情感，从而区分对话语境。没有正确的判断就不会有针对对方话语的回答，提高听辨力可以让交往双方事半功倍。

（三）听解力

听解力是听懂别人说话的能力，要求听者在听完材料后能完整地记住材料主要的内容，并且准确地抓住要点。这是听话概括力的核心部分，如果不能理解材料，那么后续的概括就会失之千里。倾听是口语交际中最基本也是最重要的策略，而听解力是倾听能力的主干内容。一般而言，语言能力强的人其理解能力也非常强。因此，听解力是需要伴随语言交流同步发展的。同时，听解力也与自身的知识储备相关，在大量占有材料之后，就能理解相应的语境。例如，在股市中，"割肉"意味着疼痛，即以比买入低的价格将手中的股票卖掉。而对屠夫而言，"割肉"即是买卖，那么不同的语境就决定了对词语不同的理解。

（四）听测力

听测力是对话语的推断能力，一般是指能够初步地了解说话人的意图和言外之意，并做出基本准确的判断的能力。听测力属于听话概括力的高级阶段，它必须建立在前面三个维度基础上，也是一种全面的心理活动，是在接受、储存信息后对信息进行加工并输出的过程。听测力是对说话者输出的语言信号进行加工整理的能力，由表及里，由此及彼，集中筛选主要、有用的信息来进行分析、研究，发掘事物的是非，吃透说话者的真实心理的能力。如果听话者在这一部分接受信息代码和分解合成时出现了问题，无法进行语言反馈，那么交谈就会无法进行。如"度日如年"这个词语如果接收信息的人认为"年"即指过年，那么交谈双方就会陷入滑稽的氛围。

四、听话概括力的训练

根据听话概括力包含的四个维度，我们可以从以下几个方面入手，逐步提升听话概括力。

（一）听记材料的时间、地点、人物等显性信息

话语材料中的时间、地点、人物，事情的起因、经过、结果等都属于显性信息，这部分信息的听记有助于概括材料的表面特征。诸如会议时间、具体安排、项目合作单位等，明确可告知对方的话语材料都应当把握住公开信息。

（二）听辨言说者表示主观态度的情感信息

一段话语经当事人说出口，会带有当事人的情感印记，而一般这样的印记必须还原于当事人的口吻，在"我认为""我觉得"之后的话语便是当事人表达直接态度的材料，这一部分应当积极聆听，如果在这一部分能听到当事人"很满意""有点遗憾""非常不幸"等修饰词，就能辨识此段内容传递的情感态度。

（三）听解话语的动词及能听解动词表达的核心信息

当言说者洋洋洒洒讲一段话之后，出于对核心信息的确认需要，言说者会不由自主地对自己认为重要的信息进行强调，或是表露自己的意愿，有时也会用一些关联词来有梯度地表示自己的主张。而接受者对信息的理解程度就取决于在聆听时能否把握住"我希望""我渴望""我要求"等后面的核心信息，或是把握住"不但……而且""只有……才""只要……就"等关联词后的主张。因为这些动词或是关联词后跟随的往往是整段内容的中心意思，只有对这些动词、关联词后的话语进行积极听记，听话者才能听懂材料并进行概括。

（四）听测话语中修辞手法后的隐藏信息

说话者在表达隐含意义时，常常会使用委婉、比喻、双关、引用等修辞手法，听话者只有关注说话者的表达技巧和手段，才能推断正确的隐含意义。如当说话者夸赞对方当天的穿着"宛如一棵圣诞树"，圣诞树是五彩缤纷的，但如果形容人穿着像圣诞树，这样的比喻显然就隐藏了说话者并非在夸赞的信息。因此，抓住修辞或是省略句，是推测言外之意的方法。

◆ 听话概括实录（一）

最近看到一条新闻很吓人，说"赛百味承认食物中有鞋底成分"。我不禁感到疑惑，之前有"老皮鞋酸奶"的传说，怎么这回连鞋底也上场了？仔细一瞧，原来是一群国人闲得无聊，搞了一个投票，要求禁用一种叫偶氮甲酰胺的食品添加剂。话说编辑这标题起得还真有水平，脸上的老皮鞋成分（胶原蛋白）显然比较厚实。那我就来说说这到底是怎么一回事吧！

评论人：小金

该实录媒体评论人对知名品牌"赛百味"事件的陈述，根据听话概括力的训练要素，我们不妨先来完成如下信息。

显性信息：<u>赛百味承认食物中含有鞋底成分。</u>

情感信息：<u>很吓人、我感到疑惑。</u>

核心信息：<u>我来说说到底怎么一回事。</u>

隐藏信息：<u>起标题的编辑脸上的老皮鞋成分比较厚实。</u>

在这段材料中，显性信息是一则沸沸扬扬的新闻；情感信息是评论员对此觉得疑惑，

即他并不赞同这样的说法；核心信息是他想来谈谈赛百味事件的真实情况；隐藏信息可以看出运用借代的修辞讽刺了新闻标题的编辑。那么我们可以概括出这段话的主要内容：评论员小金并不赞同新闻媒体对赛百味事件的报道，并提出了自己的看法。

◆ 听话概括实录（二）

　　罗斯福在就任总统之前，曾在海军担任要职，有一次他的一位好朋友向他打听海军在一个小岛上建立潜艇基地的计划，罗斯福神秘地向四周看看，压低声音问道："你能保密吗？""当然能！"朋友十分肯定。"那么，"罗斯福微笑着说，"我也能。"

　　该文段是美国罗斯福总统的一个小故事，那么按照听话概括力的训练我们一起完成以下内容。

　　显性信息：<u>打听海军在小岛上建立潜艇基地的计划。</u>

　　情感信息：<u>神秘，保密，微笑。</u>

　　核心信息：<u>你能保密吗？</u>

　　隐藏信息：<u>你能保密吗？我也能。</u>

　　在这段材料中，材料的公开信息是朋友向罗斯福打听海军的计划；情感信息是罗斯福非常神秘，但是用微笑的口吻回答朋友；核心信息是罗斯福希望好朋友能够保密，不要声张这件事情；隐藏信息就是本材料最具奥秘之处——用了类比的修辞表示罗斯福本人同朋友一样都是守住秘密的人，即言下之意不会将此事告诉朋友。该材料的结果便隐藏在隐藏信息中，如果仅凭表面文字的聆听是无法理解文段的。那么我们同样可以概括本段的内容：罗斯福的好朋友想打听军事计划，却被罗斯福巧妙拒绝。

◎ 资料卡片

听话概括力的要件

听记显性信息：时间、地点、人物、起因、经过、结果。

听辨情感信息："满意""兴奋""激动"等修饰词。

听解核心信息："我觉得""我希望""我认为"等主观意愿的词语或是相关的关联词。

听测隐藏信息：夸张、比喻、拟人、引用等修辞手法。

※ 任务实施

★ 拾趣

1. 咬耳朵

（1）同学们分排坐定，将事先写的纸条给排头看，然后第一位同学轻声告诉第二位（不得给第三人听见），依次传下去，每位同学都必须在前位同学的基础上进行概括传话，最后一位同学将听到的话概括性地写在黑板上。比一比：哪一排同学听后概括的话最接近原意？

（2）请选择今日要闻中的一则，找 5 位同学进行接力游戏，看看最后一位同学概括出来的内容是否和你选择的新闻内容概要一致。

★ 入境

2. 磨耳朵

听读下列一段话，将你对话语内涵的理解填入表格内。

随着庆丰包子铺连锁规模的进一步扩大，为了更好地对连锁化经营进行管理，庆丰包子铺于 2008 年底，斥资 500 余万元在顺义区投资建设了"北京庆丰食品科技研发中心"一期工程，对所有连锁店的食材进行统一采购、统一加工、统一储存、统一配送。

这不仅保证了品质，也有效地解决了在单店加工中，由于不可控因素造成的口味上的差异，更节约了单店加工所消耗的能源，同时也减小了连锁店的管理难度，让店铺的管理者有更多的时间和精力加强对服务卫生环节的管控。庆丰包子铺的严格管理、优良品质和快速发展，在社会上产生了广泛影响，企业品牌知名度和美誉度不断提升。

显性信息	
情感信息	
核心信息	
隐藏信息	

★ 下水

3. 眼耳并用

（1）欣赏视频《见字如面》中萧红的书信《有你们，中国是不会亡的》；

（2）阅读如下材料并完成下列问题：

《见字如面》袒露的正是流淌至今的那条中国人的精神脉络。这些纸上的声音、书信里的中国汇集起来，就是电视人的文化情怀。《见字如面》已经完全与一线娱乐节目比肩，人人都在谈论了《见字如面》制作和传播实践让大家看到互联网的世界同样是宽广而多元的，观众不都是喧嚣浮躁的，好的传播内容可以满足受众永不餍足的对社会、对他人、对自己的认知愿望。这档节目通过"书信情怀"传递出一种"文化现象"，其巧妙之处在于"以小见大"。把普世情怀升级为文化，从书信入手去打开历史，用细节动人。网台融合相辅相成，极大促进了节目传播渠道的多元化，实现了传播效果的最大化，可以说是媒体融合发展的生动实践和探索。

完成下列问题

该则材料涉及的内容（显性信息）：＿＿＿＿＿＿＿＿＿＿＿＿＿＿＿＿＿＿＿＿＿

评论人的情感态度：＿＿＿＿＿＿＿＿＿＿＿＿＿＿＿＿＿＿＿＿＿＿＿＿＿＿＿＿＿

核心信息：＿＿＿＿＿＿＿＿＿＿＿＿＿＿＿＿＿＿＿＿＿＿＿＿＿＿＿＿＿＿＿＿＿＿

隐藏信息：＿＿＿＿＿＿＿＿＿＿＿＿＿＿＿＿＿＿＿＿＿＿＿＿＿＿＿＿＿＿＿＿＿＿

→ 任务三　听话应对

※ 情境导入

　　江南商学院财经系林静同学由于各方面成绩优异，在学期末获得了一次出国游学的机会，班内同学都十分羡慕，有的同学对她说"你真了不起"，有的同学说"我们可没你这么能干"，还有的同学对她说"这么好的事情怎么会落到你的身上呢"？林静告诉妈妈她很苦恼，妈妈问她原因，林静说不确定同学们对她的恭维是什么意思，更不知道面对这些恭维该如何作答。

※ 任务要求

- 通过听说训练掌握听话应对的能力；
- 能够听懂叙述、描述、说明、议论性质的话语并做出相应的回答。

※ 知识准备

一、听话应对的性质

　　听话应对是根据接收的信息进行大脑思维后再输出信息的过程，它包含了听和说两部分。听话与说话是一个包括生理、心理和物理等活动在内的复杂的运动过程。说话活动的起点是人脑的言语运动区，言语运动的中枢部分产生运动——思维，按照一定的规则排列，然后发出信号；听话的起点在听觉器官，当声波振动的信号引起大脑思维后，大脑储存的语言信息就会找出相应的词语排列来理解其含义。因此，人类大脑的言语运动区和言语听觉区存在着联系，两者相互影响。人们会根据听到的内容来调整自己说话的内容和速度，也可以根据说话的情况来调整听话的方向和重点。

二、听话应对的特点

（一）专注性

　　在讲求效率的社会里，耐心地聆听别人说话是一件困难的事情。因此许多人都认为聆听是一门"消失的艺术"，由于时间的压力，大家都降低了生活中聆听的质量。真正有效的应对是建立在高质量的聆听之上的。聆听者应当全身心关注眼前谈话者，避免各种干扰，平静从容地培养"专注力"。无论是聆听者内部自身还是外部环境，都不能妨碍聆听的质量。这样，聆听者可以根据自己的言语或者非言语行为来跟随说话者，反映出专注度，及时给予反馈。

（二）有效性

　　良好的专注并不等于有效的聆听。尽管听话应对需要听话者能够做出善意的目光接触，真诚地点头示意，但有时听话者是自动地在做这些练习有素的技能反应。正如上课时同学们一贯地凝视老师，被班主任批评时始终坚持点头认错一样的道理，看似专注的表情其实并没有进行有效的倾听。除了偶尔或极端的进入自动反应的注意状态外，在交流过程中，我们倡导通过恰当的语调说话，间或重复关键词语等来进行言语追踪，听到或是记住对方说的内容才是应对的前提。如果在交流过程中，能够选择自己想听的内容，听到预先没有考虑的问题，并作出思考和应对，这就是有效的聆听。

（三）反应性

聆听不是一种被动消极的运动，而是积极地对说话者传达的全部信息作出反应的过程。听话应对要求在听的过程中要给予适当的反应。恰当的反应能够传达自己良好的态度，鼓励说话者的勇气，促进双方关系融洽。积极的反应更能够了解问题，促进双方的相互了解和理解。由于听话应对是发生在两人之间的活动，因此合理的反应能够达成双方的互动。

（四）目的性

在人们谈话的时候，说话者希望对方能够了解自己的主旨和意图，而自己表述的每一个事实常常是为其中心意思服务的。对于聆听者而言，抓住语段的中心思想是要义，优秀的聆听者对信息的记忆就是理解说话者的思想。比起有些注意细枝末节的听话者，能够抓住中心思想的听话者能够更好地传递自己的信息。因此，抓住对方表述的核心信息，能够为快速有效的听话应对打下基础。

三、听话应对的语言内容

无论是故友相逢的寒暄，佳节亲戚的闲聊，或是职场上的谈话，同事间的交流，大家都认为"谈"是双方沟通的重点，感情的深浅与谈话的长短形成正比，似乎觉得彼此有说不完的话才是人际交往高手的绝招。其实"无声胜有声"的心灵契合，"君子之交淡如水"的点头示意都在告诉我们"听"比"说"更重要，从谈话者的表达中我们可以听到很多意味深长的信息，这些是"三寸不烂之舌"不能达到的境地。一般而言，双方交流的语言内容可以分如下类型。

（一）说人道事

说人道事无非就是张家长李家短，人和事是普通百姓之间交流最多的信息。人是生活在社会中的个体，为了不让自己在社会中孤立，社会个体常常不经思考会选择与大多数人相同的选择，这被称为"乐队花车效应"，意思是在花车大游行中搭载乐队的花车，参加者只要跳上这台花车就能够轻松地享受音乐而不用走路。因而在日常交流中，大家会不自觉地选择一些认同感高或是人们都感兴趣的事情进行交流，以期能迅速地寻找"同体"。这就好比大家都明白吸烟有害健康，但是看到很多人都在吸烟，大家还是觉得吸烟是沟通的制胜法宝。

由于任何一个事件都会有气氛的问题，可以是轻松愉快的，也可以是沉重不幸的；可以是富有哲理的，也可以是幽默风趣的。不同的气氛，谈话者一定会用不同的嗓音、语调来表达，而事件的主人公或是谈话者关心的人物一定会高频率地出现。那么这类语言内容，听话者只要注意聆听的态度，跟随谈话者语调的跌宕起伏，做出适宜的非言语或言语应答，就能够进行有效地沟通。

（二）解释说明

"请听我解释"，这句话会高频率地出现在情侣对白中，但同事、同学、师生、上下级之间其实都在演绎这句话的真谛——解释说明。其目的是说明、解释事物的性质、特点，有时为了传授必要的知识，有时为了解说清楚某个问题，有时仅仅为了有条理地原原本本地还原一个真相。这类语言内容多条理清楚，序列分明。为了阐明事物本身，说话者会通过停顿、节奏的变化来显示其内容的内在顺序。我们有时形容一个人胡言乱语，思维混乱，正是他在表述这类内容时没有按照一定的逻辑结构，而无法还原"真相"，谈话便会终止。那么聆听者在听这类语言内容时，应当关注说话者的语音重点、停顿落脚处、节奏转换处来确定聆听的重点。比如老师宣布期末考试的时间、复习范围等内容，领导宣布新的任务决策等时，都会有语气的顿挫、节奏的延缓等，这些便是材料内容的中心信息。

（三）谈天说地

明代罗洪先写过这样一句话："静坐思己过，闲莫谈人非。"当今许多人都以此自勉，但品评人事，抒发所感确是人际交往中最常态的语言内容。人们有时会以评价他人的功过来显示自己的高尚，会以天地万物的感慨来化解自己内心的思虑，会以生平的深浅阅历来结交一个知己。因而，对某件事或某个人表示自己的意见、观点、看法而形成的语言内容成为人们交谈时的主要内容。比如马大嫂关心的菜价、农民工关心的工资、老年人关心的养老等，任何生活中的事件都能成为大家议论的话题，而这也就构成了大家交流时的常态内容。

这类内容往往是说话者要表明自己的观点，因此他们会选用坚决、明亮的音色，发音时会肌肉紧绷，声音不拖泥带水，语句充满重音，而整个观点的高潮常常通过音量的大小、速度的快慢来显示。聆听者应当着重听出语言内容的脉络主干来辨别谈话者的意图。

（四）情动于衷

这类语言内容与前面三项常常是共同出现的，但它经常是作为隐匿的语言内容出现在谈话材料中。人的感情在受外界影响下，具有多度性和两极性的特点，每一种情感具有不同的等级，还有着与之对应的情感状态，如爱与恨，欢乐与忧愁。但有时的"心理摆规律"会让人们向相反的情绪状态转化，如有的人希望生活永远激情、浪漫，当平凡生活出现时，他们会心存排斥，有的人会因为生活场景的逆转而产生巨大的情绪落差。因为每个人表达情感的习惯不同，大家会将内心的情感体验放置于事前或事后。强烈感情外露的内容往往会充满想象，通过音量的大小、速度的快慢、声音的强弱、音调的高低能够感受到正面或是负面的情感。而对于隐藏的情感信息，言说者往往是通过"褒贬毁誉"语调来不经意地传递，此时需要聆听者关注说话者的眼神、动作，在对方"引出本意"的关键处，言说者会放慢速度，吐字沉稳。

四、听话应对的方式

（一）非言语应对

非言语交际是指人在传达讯息时，会使用语言文字外的媒介，例如脸部表情、肢体语言或音调等，来辅助说明自己的意旨。这种交际也同样适用于聆听过程，说话者有时会通过非言语表达来理解听话者的情绪、态度甚至内心的想法，因为大多数行为是人们无意识状态下的表现，因此我们可以通过非言语应对来表示自己的听话效率。

1. 脸部：人们对愤怒、快乐、惊讶、恐惧和悲伤等主要情绪都有既定的脸部表情。例如，愤怒时会脸部潮红，压低眉毛，瞪视某处；恐慌时会眉头呼吸急促，神色慌张等。我们可以通过自己的脸部表情来表达聆听材料后的感受。

2. 眼神或肢体：例如，一个人说话却不敢直视对方，会被认为是在撒谎，同样地，肢体动作也会传递出人们的情绪、性格特质和态度。内向的人和外向的人在肢体动作上的差异尤其明显。外向的人动作大，音调和语气洪亮；内向的人音低，动作幅度也较小。某些肢体动作也会成为文化标记，如拇指和食指完成圆圈在大多数情况下表示"没有问题"，剪刀手一般表示"胜利"，耸肩表示"不置可否"的意思。

3. 语气和音调：语气和音调也是应对的方式之一，积极的语气和消极的语气能够传递你的应对态度。"哦"这个字根据语气音调的不同，阳平可以表示疑惑并确认；去声可以表示答应赞同；低声则表示有些不情愿。

这类应对方式贯穿于所有的语言内容中，体现了聆听者根据说话者的材料在思考，在回味，在确认。善于运用非语言应对可以巧妙化解尴尬，也可以为自己的无话可说而找到表达的媒介。

（二）言语应对

1. 听记型应对

听记型应对，一般是针对"说人道事"及"解释说明"的语言内容，由于这类语言内容表达清晰完整，通常只是告知类或传递类的信息，对于这类材料，应声性的"知道了""好的"或是重复性的"真的是这样""也就是说……"等，即能和对方进行直接的沟通交流。

2. 听辨型应对

听辨型应对，往往针对的是"谈天说地""情动于衷"的语言内容，这类内容中往往会渗透说话者的情感，而听辨的目的就是能够听出对方的语气、态度，评价判断。在听辨型应对时语气、声调等非言语的信息和言语信息紧密结合，在听懂对方的情感态度后，可以根据话语内容选择与之相应或是相反的情感态度进行表达。如当对方悲痛万分地告诉你家中的变故时，此时的应对应当也是哀伤的语气和宽慰的话语；而当对方告知你他不正当的做法并为之得意时，此时的应对应当是严正相告，娓娓道来；而如果对方告诉你他金榜题名的好消息时，你的应对就应当是高兴、积极的话语，而不能闷闷不乐地恭喜。

3. 听解型应对

听解型应对，是对话语中心意思了解后的回答，即在不明确对方意图下是不能做出正确的应对的。因而如果在不明了对方的意图，或是觉得疑惑时可以采取"我能不能这样说""你是这个意思吗"等语句将中心意思阐述一下，以检测自己的理解是否有偏差。如果完全听明白对方的意思之后，就可以根据话语信息进行直面式回答、迂回式绕弯、高声赞同、笑而不答、应声知道等方式。

4. 听测型应对

听测型应对，针对的是"情动于衷"类语言内容，由于这类内容的隐藏信息不在字面信息上，因此需要聆听者根据语气、声调的变化、非言语信息的传递或是修辞手法的含义而去界定说话人的情感态度，从而做出正确的应对。如林静遇到的困惑就可以根据对方恭喜她时的表情、声调来判定对方的真实用意。

尤其对省略号后的延迟信息要格外关注，如"王晓建很自负，写了一篇文章，言语不通，却感觉极好。他去访问名人，假意请求指点，实则自我炫耀。名人看了之后，说'你的文章已经通了六窍'，王晓建很高兴，奔走相告"。在这个故事中，王晓建的应对完全是错误的，因为他没有听出名人的隐藏信息：人有七窍，六窍已通即指一窍不通。名人虽未明说，却已把隐藏信息传递，但王晓建非但没有自省还洋洋得意，这属于典型的聆听失败的个案。

◆ 听话概括实录（一）

《杨澜访谈录——李彦宏：上市那天的故事》文字版（节选）

1. 杨： 大家好！随着盛大、百度和分众在美国纳斯达克的上市，人们普遍认为中国网络股的第二个浪潮又出现了，其中百度呢是在 2005 年 8 月 5 日登陆纳斯达克的，它的股份从最初的 27 美元，曾经一度飚升到 154 美元，最近呢也回落到 80 美元左右，市盈率高达 1000 倍以上，从而成为在纳斯达克上市值最高的中国公司。它的董事长兼 CEO 李彦宏可以称得上是一位帅哥，不过他没有成为娱乐圈的偶像，反而成为网络界炙手可热的明星，那么，李总，你好！

李： 你好！

2. 杨： 非常感谢你接受我们的访问。在纳斯达克上市以后，你的账面的财富暴增，但是你觉得你的幸福指数是上升了还是下降了呢？呵呵。

李： 应该讲我的幸福指数还是上升了，但是呢就是说，我自己，说实话从上市那一天到现在，我没有算过我的这个身价是多少，因为我觉得这个东西……

杨： 因为有太多人已经在帮你算了。

李： 哈哈哈哈。

3. 杨： 8 亿美金吧，说是最高的时候？

李： 啊，我不知道具体是多少，我觉得就说对我来说，我最看重的不是这些东西，其实呢一个人，无论你多有钱，无论你是什么样的一个地位，一天也就只吃三顿饭，也就睡八个小时的觉。

4. 杨： 可是，我觉得每个有钱人都这么说，但是当你真的是第一天上市，取得这样高的一个增长的时候，你的内心真实的感受是什么？有没有一种狂喜在里边？

李： 啊，很兴奋，很激动，但是呢不能用狂喜来形容，因为对我来说呢，可能在很多外界尤其是媒体的这种报导啊，就讲这是一夜暴富，在我看来根本就不是这个样子，这是百度经过了五年半的这种痛苦的成长过程，才走到这一天的，如果要打个比喻的话呢，也许就像比如说当年女排夺冠军似的那种感觉，就是自己真的是台下，那么就是说很多年很多年的磨炼呢，终于现在走到台上来了，那样一种感觉。

杨：嗯，你还记得那一天你是怎么度过的吗？上市那天。

……

该实录是杨澜对百度 CEO 李彦宏的专访节选，我们把它肢解为四个部分。

第一部分：听记型应对。杨澜的开场白属于公开信息，因此李彦宏直接回应了杨澜的礼貌性问候，说了句"你好"，交流直入主题，不拖泥带水。

第二部分：听辨型应对和听测型应对。杨澜的问题是关于幸福指数上升还是下降，李彦宏听懂并正面回答了问题。但在说到身家问题时，当事人是模棱两可的答案，杨澜聪明地听出了当事人不太愿意涉及这个话题，因此说"大家在帮你算"。

第三部分：听解型应对。李彦宏避开身家问题提到了自己认同的"三顿饭，八小时睡眠"的价值观，杨澜的核心信息是在证实 8 亿身家，而李说自己不清楚。

第四部分：听测型应对。李彦宏谈到了幸福的价值观，但杨澜采访的目的是让观众了解李彦宏，不是讨论幸福，因此很快掌握了话语主动权，询问李在公司上市时的心情。

◆ 听话概括实录（二）

李医生，我要好的同学告诉我，她全家将移民到美国。我听到她这么说，虽然有些难过，不过想天下无不散之筵席，心情也就愉快多了。（当事人双手用力互搓）

这是一则心理咨询的案例。当事人向咨询师说明情况，但是根据当事人的非言语行为暗示，她的话语背后隐藏了重要信息，因此话语表面的"愉快"就不是核心信息，那么此时可以追问当事人"我感觉你只是在自我安慰"来试探对方是否隐藏了信息，而不能就根据话语材料作简单地应声。

> ### ◎ 资料卡片
>
> #### 听话应对的方式
>
> 非言语应对：脸部途径、眼神和肢体、语气和声调。
>
> 言语应对：听记型——应声；
>
> 　　　　　听辨型——同理心；
>
> 　　　　　听解型——直接回答；
>
> 　　　　　听测型——重复，追问。

※ 任务实施

★ 拾趣

1. 磨耳朵

（1）听读下列材料，回答问题。

克·吐温说："美国国会有些议员是狗娘子养的。"美国国会议员大人们勃然大怒，勒令马克·吐温收回这句话并道歉，否则司法伺候。马克·吐温遂公开"道歉"曰："我说错了，说'美国国会有些议员是狗娘子养的'不对，所以我现在郑重收回。我宣布：'美国国会有些议员不是狗娘子养的。'"于是雨过天晴。

这则材料的结局是雨过天晴，那么请问，马克·吐温到底在表达什么？你如何得出结论？

（2）听读下列材料，思考：周恩来的回答属于什么型应对？

1971年，基辛格博士为恢复中美外交关系秘密访华。在一次正式谈判尚未开始之前，基辛格突然向周恩来总理提出一个要求："尊敬的总理阁下，贵国马王堆一号汉墓的发掘成果震惊世界，那具女尸确是世界上少有的珍宝啊！本人受我国科学界知名人士的委托，想用一种地球上没有的物质来换取一些女尸周围的木炭，不知贵国愿意否？"

周恩来总理听后，随口问道："国务卿阁下，不知贵国政府将用什么来交换？"基辛格说："月土，就是我国宇宙飞船从月球上带回的泥土，这应算是地球上没有的东西吧！"周总理哈哈一笑："我道是什么，原来是我们祖宗脚下的东西。"基辛格一惊，疑惑地问道："怎么？你们早有人上了月球，什么时候？为什么不公布？"

周恩来总理笑了笑，用手指着茶几上的一尊嫦娥奔月的牙雕，认真地对基辛格说："我们怎么没公布？早在5000多年前，我们就有一位嫦娥飞上了月亮，在月亮上建起了广寒宫住下了，不信，我们还要派人去看她呢！怎么，这些我国妇孺皆知的事情，你这个中国通还不知道？"周恩来总理机智而又幽默的回答，让博学多识的基辛格博士笑了。

★ 入境

2. 练应对

听读下列两段话，请将省略号补充完整。

（1）德国诗人海涅是一个犹太人，常常遭到无礼的攻击。在一次晚会上一个旅行家对他说："我发现一个岛屿，这个岛上居然没有犹太人和驴子。"海涅白了他一眼，不动声色地说："……"

（2）德国诗人歌德在公园里散步，在一条仅能让一个人同行的小路上和两位批评家相遇。"我从来不给蠢货让路。"批评家说。歌德笑着说："……"

★ 下水

3. 耳朵敲石头

（1）听读该材料，完成下列细节。

霸气"金句"不断

作为外交部长，王毅自然会受到外国记者的质疑与"刁难"，但他总能将难题化解，并且霸气"金句"不断。

针对加拿大记者质疑中国人权问题时，王毅曾怒斥她的"偏见与傲慢"：

——你的提问，充满了对中国的偏见，和不知道从什么地方来的傲慢，我是完全不能接受的。

针对南海仲裁事件，王毅曾强硬地表示：

——现在又有人兴风作浪，还有人炫耀武力。但是就像潮水来了又退去一样，这些图谋最终都不会有结果。历史终将证明，谁只是匆匆过客，谁才是真正的主人。

面对日本记者抛出的棘手问题，王毅手到擒来：

——70年前，日本输掉了战争；70年后，日本不应再输掉良知。是继续背着历史包袱不放，还是与过去一刀两断，最终要由日本自己来选择。

听完一遍，完成下列问题：

材料的标题：_____

材料中围绕的词语：_____

王毅的应对方式：_____

王毅如何化解：_____

（2）请听录音材料《我们做得非常好》，听完后完成下表。

材料名称	
涉及事件	
记者的态度	
材料隐含的信息	

→ 综合自测 这是真的吗？

※ 活动导入

江南商学院财经管理专业三年级5班准备开一个主题班会，本次班会的目的是锻炼班级同学的听话能力和应对能力，为此班干部们设计了一个活动方案：这是真的吗？活动要求结合每个同学的兴趣爱好，对提供内容进行真伪鉴定，下面，让我们玩起来吧！

※ 活动要求

· 通过聆听当事人的叙述，识别当事人兴趣爱好的真伪。
· 通过提问或是回答，分析信息的真伪。

※ 活动描述

一、活动目标

1. 聆听目标：听懂叙述、描述、抒情、说明、议论性质的话语；了解说话者的意图和观点；根据说话者的言论做出合理的推断；根据话语内容提出个人的观点。

2. 表达目标：能够选定角度，确立个人信息，筛选整理相关资料，组织话语；表现自信，恰当运用态势语。

二、活动进行

1. 确立个人兴趣爱好

兴趣爱好：＿＿＿＿＿＿＿＿＿＿＿＿＿＿＿＿＿＿＿＿＿＿＿＿＿＿

它的基本特点：＿＿＿＿＿＿＿＿＿＿＿＿＿＿＿＿＿＿＿＿＿＿＿＿

喜欢的理由：＿＿＿＿＿＿＿＿＿＿＿＿＿＿＿＿＿＿＿＿＿＿＿＿＿

这一部分内容由学生自己确定，可以是真命题，也可以是假命题，但要将横线内容填充完整。

2. 陈述自己的兴趣爱好

我的爱好：＿＿＿＿＿＿＿＿＿＿＿＿＿＿＿＿＿＿＿＿＿＿＿＿＿＿

我喜欢它的原因：＿＿＿＿＿＿＿＿＿＿＿＿＿＿＿＿＿＿＿＿＿＿＿

我对它的了解：＿＿＿＿＿＿＿＿＿＿＿＿＿＿＿＿＿＿＿＿＿＿＿＿

这一部分为学生组织整合信息的过程，每个同学将自己的第一项内容进行相应的整合。由于兴趣爱好是个人性格的反映，因此在陈述时可以将性格特点与兴趣爱好结合。同时为了让对方相信自己的陈述，应当在陈述时有理有据。

范例：

我喜欢足球

足球本身集合了人类各项运动的特点。运动员之间的突然起动，竞跑争球，就像是短跑；守门员上纵下跳，横扑侧扑，就像跳跃项目；那些柔韧性好的运动员一个倒挂金钩，鱼跃冲顶，像体操；两个运动员之间的合理冲撞，又有点像橄榄球的展现力与美。

足球运动本身对参与者的要求不高是其受欢迎的重要原因。踢足球的运动员，高矮肥瘦问题都不大，不像其他运动。比如说橄榄球，块头小的肯定吃大亏；篮球运动更是"长人"们的天下。而足球则不同，这样就给全世界的所有孩子提供了做"巨星梦"的机会。

足球运动比赛结果的偶然性是造成全世界球迷狂热的重要原因。因为在足球世界里，没有绝对的强队。曼联队有可能被一支名不见经传的乙级队甚至是业余队"扳倒"。球星堆起来的巴西队曾经在奥运会足球比赛里就被那时还稚嫩的日本队击败。1996 年，足球"第三世界"的朝鲜队曾经击败过意大利队闯进世界杯八强。所以，在足球比赛里，不到最后一刻，你永远不知道事情的结果。

"足球最大的魅力在于它具有争议性"，一位有远见的老人说了一句有远见的话。这个老人是前国际足联主席阿维兰热。没错，如果足球比赛都是判罚得很"死"，很机械的话，那足球就失去了它巨大的魅力。正因为裁判是人，可能错判，可能受贿操纵比赛等等，才有了声势浩大的争议和更多人的关注。

3. 聆听他人的爱好

他的爱好：_____

他喜欢的理由：_____

你的问题：_____

这是真的吗：_____

范例：

聆听《我喜欢足球》语段后填写下栏。

他的爱好：足球。

他喜欢的理由：集合人类运动的特点、对参与者要求不高、比赛结果的偶然性、争议性。

你的问题：你能告诉大家 10 个以上的球星名字及他们的球队吗？

这是真的吗：_____

4. 集体活动

每 8 个同学组成一组进行游戏，其他同学根据评分表判断本轮游戏中双方的聆听能力和表达能力。

三、活动评价估量表

项目分类	测评项目	得 分
感知与记忆	1. 词汇感知：能迅速听出材料的词语，并了解其用法。	5分
	2. 细节感知：注意谈话的细节。	5分
	3. 要点记忆：能辨别讲述的主要观点、重要内容。	5分
	4. 内容记忆：能听清对方的内容。	5分
理解与组织	5. 理解词义：辨别词义，利用线索理解词义。	6分
	6. 听出句子结构变化、声调和语气变化。	6分
	7. 听清对方讲话内容的先后顺序。	6分
	8. 明白对方说话的核心信息。	6分
	9. 概括中心思想。	6分
	10. 猜测隐藏信息。	8分
	11. 推断结论，根据话语的提示进行简单的推论。	8分
反应与评价	12. 听后答问：能听懂问题，进行简单答问。	12分
	13. 听后应对：能听懂话语的公开信息、核心信息、情感信息和隐藏信息，并做出相应的应对。	12分
	14. 分辨正误：能够听出他人讲话中的错误或不妥之处（包括句子结构、自相矛盾、概念模糊、语音延误、根据不足等）。	10分
得 分		
评 语		

使用要则：该测验表适用范围包含小学四年级到大学四年级，其中分四个等级水平：第一级水平为小学 4～6 年级水平；第二级水平为初中水平；第三级为高中水平；第四级为大学水平。该评价表用百分等级来解释测验得分。

模块二 ——黄鹂婉转

※ 项目引领

语言是人类最重要的交际工具。在日常生活中，我们都要借助语言表达来传情达意、交流思想、协调关系。但是，由于吐字不清造成误会、语焉不详造成隔阂、语义不明造成歧义、语构不当造成费解的情况却时常发生。学会说正确的话，说漂亮的话，才能帮助我们在人生的旅途中挥洒自如。

※ 项目目标

1. 能够掌握科学发声的技能。
2. 能够恰当运用态势语的技能。
3. 能够学会清晰、合理的陈述事情或描述事物。

→ 任务一　声声入耳

※ 情境导入

江南商学院财务管理专业的新生李乐同学即将参加下周的学生会成员选拔赛，他的竞选词已经修改完毕，可是，对着镜子练习了很久，总觉得少了点什么。于是，就去请教自己的语文老师秦老师。

秦老师："李乐，你把我当成是评选人员，来演练一次吧！"

李乐有点紧张，但还是站得笔直，流利地完成了演讲。

秦老师："李乐，如果我是评选老师，我不会选你做学生会的新鲜血液的。因为，我看不到你的自信，看不到你的激情，也看不到你的坚持。没有这三点，要进学生会有点难。"

李乐沮丧地低下了头。

如果你是秦老师，你要怎样指导李乐，让他顺利加入学生会呢？

※ 任务要求

- 能够了解发声的种类及性质；
- 能够通过发声训练掌握正确的发声方法；
- 能够掌握声音色彩的技巧。

※ 知识准备

一、发声的种类

"发声"指的就是声音的问题。完整的发声过程是先从声带获得音调，再从共鸣器（喉腔、咽腔、口腔、鼻腔、胸腔）得到音质并放大许多倍，经过唇部的一系列动作在瞬间完成发音。科学的掌握这个发音过程就能使自己的声音清晰、集中、响亮、圆润。在日常生活中，有的人声音饱满清脆，魅力无限，有的人却嘶哑低落，人未老声先衰，这些都与发声方法有关。科学的发声种类分为三类。

（一）气息控制

气流在向上的通道中变为声音，所以，呼吸是发声的动力。自然状态下的呼吸也只能满足自然状态下的发音使用，在人多的场合中，我们就要通过改进呼吸的方法来提供足够的原动力，用气息的控制和良好的呼吸方法来提高声音的亮度、力度、清晰度。

（二）共鸣控制

共鸣，也叫"共振"，是指一个发音体引起另一个发音体发出频率相同的音响的现象。发声过程中，声带本身发出的声音是很微弱的，必须要借助共鸣，才能加大音量，变化音色。每个人的声音都可以分为中、低、高三种。中音共鸣区在口腔，低音共鸣区主要是指胸腔共鸣腔体，高音共鸣区主要是鼻腔共鸣。

（三）吐字归音

吐字归音是传统的说唱艺术中所运用的一种咬字法。它根据汉语音节的特点，把一个字分为字头、字腹和字尾三部分，发声时对应分为出字、立字、归音三个阶段。

二、发声训练的方法

（一）气息控制训练

想要嗓音富于弹性、耐久，不仅要给声带提供气息，更需要的是提供源源不断的气息，学会控制好气息，掌握吸气、呼气和换气的技巧。

1. 吸气训练方法

吸气时双肩放松，胸稍内含，腰腿挺直，慢慢吸足气，当气吸到七八成饱时，利用小腹收缩的力量控制气息，使之不外流。具体训练方法如下：

（1）站立式

全身放松，做深呼吸，一、二吸气，三、四呼气，五、六吸气，七、八呼气……如此循环往复，体会两肋扩展、横膈下降和小腹内收的感觉。

（2）坐式

端坐椅上，上半身略前倾，小腹稍收缩，体会两肋展开的过程。

（3）闻花香

假装面前有一盆鲜花，深吸一口气，将气吸到肺底，一定要将气吸得深入。

（4）抬重物

抬重物时，先深吸一口气，然后憋足一股劲，气息自然下沉，腹肌收缩，腰带周围有胀满的感觉。

2. 呼气训练方法

呼气时要保持吸气时的状态，两肋不要马上塌下，要尽量控制气息不至于很快泄掉，只有稳住气息才能托住声音。只有控制好气息才能在发声过程中均匀、持续、平稳、柔和地呼出。

（1）齿缝放气

慢慢吸足一口气，保持气息片刻，嘴微张开，上下开一点小缝，发出"咝……"声，气息呼出时要细要匀，看谁的延续时间长。

（2）吹蜡烛

假想自己面前有很多蜡烛，要一口气把它们吹灭，就吸足一口气，然后慢慢让气息均匀流出，呼气时间要逐渐延长，达到20～30秒视为合格。

（3）数羊

深吸一口气，边呼气边数"一只羊，两只羊，三只羊……"看谁用一口气数的羊多。

（4）报菜名练习

慢慢吸足一口气，控制好气息，连续平稳地报出菜名，看谁报的菜名多。

蒸羊羔、蒸熊掌、蒸鹿尾儿、烧花鸭、烧雏鸡、烧子鹅，卤猪、卤鸭、酱鸡、腊肉、松花、小肚儿、晾肉、香肠儿，什锦苏盘儿、熏鸡白肚儿、清蒸八宝猪、江米酿鸭子，罐儿野鸡、罐儿鹌鹑、卤什件儿、卤子鹅、山鸡、兔脯、菜蟒、银鱼、清蒸哈士蟆！烩腰丝、烩鸭腰、烩鸭条、清拌鸭丝儿、黄心管儿，焖白鳝、焖黄鳝、豆豉鲶鱼、锅烧鲤鱼、锅烧鲶鱼、清蒸甲鱼、抓炒鲤鱼、抓炒对虾、软炸里脊、软炸鸡！

还有红丸子、白丸子、熘丸子、炸丸子、南煎丸子、苜蓿丸子、三鲜丸子、四喜丸子、鲜虾丸子、鱼脯丸子、饹炸丸子、豆腐丸子、汆丸子！一品肉、樱桃肉、马牙肉、红焖肉、黄焖肉、坛子肉、烀肉、扣肉、松肉、罐儿肉、烧肉、烤肉、大肉、白肉、酱豆腐肉！红肘子、白肘子、水晶肘子、蜜蜡肘子、酱豆腐肘子、扒肘子！炖羊肉、烧羊肉、烤羊肉、煨羊肉、涮羊肉、五香羊肉、爆羊肉、汆三样儿、爆三样儿、烩银丝、烩散丹、熘白杂碎、三鲜鱼翅、栗子鸡、煎汆活鲤鱼、板鸭、筒子鸡。

3. 换气训练方法

换气有大气口和小气口两种方法。

（1）大气口

大气口是在朗读或演讲中允许停顿的地方，先吐出一口气，马上再深吸一口气，为下面的语言准备充足的气息，这种少呼多吸的大气口呼吸一般都比较容易掌握。

（2）小气口

小气口是指朗读一段较长的句子时，气息用得差不多了，但意思未完而及时补进的气息。补气时，可以在气息能够停顿的地方急吸一口气，也可以在吐字时不着痕迹地带一点气。要领是：小腹一吸，两肋一张，口鼻同吸，迅速补充，同时要做到轻松自如，巧妙无声，字断气连。

◎ **资料卡片**

呼吸的方法

胸式呼吸法：主要靠胸部上端支持，气流量不多，气息浅，发高音时显得"中气不足"。

腹式呼吸法：主要靠横膈膜完成，气流量稍多，平时说话时很占优势，男性用得较多。

胸腹式联合呼吸法：运用胸腔、横膈膜和腹部肌肉共同控制气息，是最为理想的呼吸方法。

（二）共鸣控制训练

一个好的用声者，用在声带上的能量只占总能量的 1/5，而 4/5 的力量都用在控制发音器官的形状和运动上面，科学地调节共鸣器官可以丰富或改变声音色彩，同时起到保护声带的作用，延长声带的寿命。一般口语表达应该采用"口腔为主，三腔共鸣"的方法，运用这种方式发出的声音，既丰满圆润，洪亮浑厚，又朴实自然，清晰真切。

1. 口腔共鸣训练

双唇自然打开，笑肌提起，下腭自然放下，上腭抬起，呈微笑状，使整个口腔保持一定的张力，口腔壁、咽腔壁的肌肉处于积极状态，这样，声带发出的声音随气流的推动流畅向前，在口腔的前上部引起振动，形成共鸣效果。

口腔共鸣发声最主要的是发声的时候鼻咽要关闭，不产生鼻泄露。

（1）模仿汽笛长鸣练习：体会声束集中冲击硬腭前部的感觉和声音的力度。

（2）短促音练习：发较短促的音，如 ba、bi、bu、pa、pi、pu、ma、mi、mu 等。

（3）开口元音练习：调节颈部姿势，使后咽壁竖起来，发单韵母，体会上下贯通的共鸣感觉。

注意颈部的角度要适中，不直不僵，不松不软，才能使声音"站得住"。

2. 胸腔共鸣训练

胸腔共鸣属于"下部共鸣"，是指声门以下的共鸣腔体。运用胸腔共鸣时，声带振动，声音反着气流的方向通过骨骼和肌肉组织壁传到肺腔，这时胸部明显感到振动，从而产生共鸣。它可以使声音结实浑厚、音量大，更具有深度和宽度。

（1）音高练习：选一句话，先低后高说，再先高后低说；选一段话，一句高，一句低，高低交替说。这种方法可以有效地体会胸腔共鸣的强弱变化。

（2）低音读韵母练习：用低音来读韵母，体会声音从胸腔透出的感觉。

（3）胸部响点练习：用较低的声音弹发音节 ha，感觉声音从胸部发出，体会胸部的响点，然后由低到高，一声一声弹发，体会胸部响点的上移。还可以由高到低弹发，体会胸部响点的下移。

3. 鼻腔共鸣训练

鼻腔共鸣是由"鼻窦"实现的，鼻窦中各部分小小的孔口与鼻腔相连，发音时这些小孔窦起共鸣作用，使声音响亮传得远。运用鼻腔时，软腭放松，打开口腔与鼻腔的通道使声音沿硬腭向上走，使鼻腔的小窦穴处都充满气，头部要有振动感，这样出来的声音会震荡、有弹力。

（1）半打"哈欠"练习：闭口打一个"哈欠"，喉咙呈打开状态，软腭提起，发出"a"音，体会软腭升起和下垂的不同状态。

（2）口音鼻音交替练习：交替发口音"a"和鼻音"ma"。发口音时软腭上挺，堵住鼻腔通路，体会口腔共鸣；发鼻音时软腭下垂，打开鼻腔通路，体会鼻腔共鸣。

◎ **资料卡片**

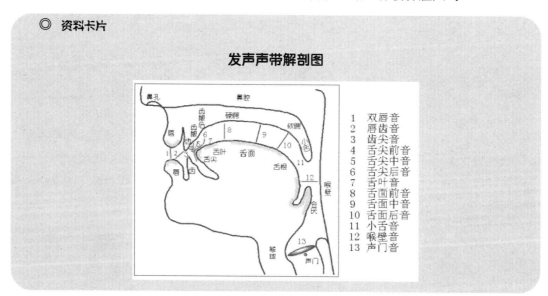

发声声带解剖图

（三）吐字归音训练

吐字归音是汉语的发声法则，即出字、立字、归音的技巧。

出字，要求咬紧字头，做到准确有力，叼住弹出。它是对音节中的声母或者声母与介音（韵母中主要元音前面的元音，普通话语音中有"i、u、ü"三个介音）的处理。立字，要拉开立起，圆润饱满，它是对字腹韵母中主要元音的处理。归音，要趋向鲜明，到位弱收，它是指对字尾的处理。总之，吐字归音的总要求是：咬住字头，发响字腹，收全字尾。

1. 双唇练习

撮唇练习：双唇前撮，再展开，反复练习。

增强唇力练习：噘起嘴，向上、下、左、右动。噘起嘴，转唇 360 度。

双唇打响练习：唇部收紧，接触有力，小腹要有控制，气流集中，力量集中在双唇部，发出 b、p、m 音。

例 1. 八百标兵奔北坡，炮兵并排北边跑。炮兵怕把标兵碰，标兵怕碰炮兵炮。

例 2. 爸爸抱宝宝，跑到布铺买布做长袍。宝宝穿了长袍不会跑，跑了八步就拉破了布长袍。布长袍破了还要用布补，再跑到布铺买布补长袍。

例 3. 白猫黑鼻子，黑猫白鼻子。黑猫的白鼻子，碰破了白猫的黑鼻子。白猫的黑鼻子破了，剥了秕谷壳儿补鼻子。黑猫的白鼻子没破，就不必剥了秕谷壳儿补鼻子。

2. 唇齿练习

上齿与下唇相接，软腭上升，让气流从唇齿间的窄缝中泄出，摩擦成声。声带不振动，发出 f 音。

例 1. 一条裤子七道缝，斜缝竖缝和横缝，缝了斜缝缝竖缝，缝了竖缝缝斜缝。

例 2. 粉红女发奋缝飞凤，女粉红反缝方法繁。飞凤仿佛发放芬芳，方法非凡反复防范。反缝方法仿佛飞凤，反复翻缝飞凤奋发。

3. 舌的练习

舌面练习：舌尖抵住下齿背，舌中纵线部位用力。用上门齿刮舌面，将嘴撑开，发出 j、q、x 音。

例：这是入冬以来胶东半岛上第一场雪。雪纷纷扬扬下得很大。开始还伴着一阵儿小雨，不久就只见大片大片的雪花，从彤云密布的天空中飘落下来。地面上一会儿就白了。冬天的山村到了夜里就万籁俱寂只听得雪花簌簌地不断往下落。树木的枯枝被雪压断了，偶尔咯吱一声响。大雪整整下了一夜。今天早晨，天放晴了，太阳出来了。推开门一看：嗬，好大的雪啊！山川、河流 、树木、房屋，全都罩上了一层厚厚的雪。万里江山变成了粉妆玉砌的世界。

（《第一场雪》节选）

舌尖练习：舌的尖部靠近或顶住门齿、上齿龈、硬腭的前部而发出的 z、c、s、d、t、n、l、zh、ch、sh、r 音

例 1. 小四在刺字，四次刺"四"字，"四"字刺四次，四字都是"四"。

例 2. 门外有四辆大车，你爱拉哪两辆就拉哪两辆。

例 3. 白石塔，白石搭，白石搭白塔，白塔白石搭。搭好白石塔，白塔白又滑。

例 4. 三山屹四水，四水绕三山。三山四水春常在，四水三山四时春。

舌根练习：舌根用力抵住软腭，阻住气流，然后突然放开，爆发出 g、k、h 音。

例：一班有个黄贺，二班有个王克，黄贺、王克二人搞创作，黄贺搞木刻，王克写诗歌。黄贺帮助王克写诗歌，王克帮助黄贺搞木刻。由于两人搞协作，黄贺完成了木刻，王克写好了诗歌。

弹舌练习：用舌尖连续轻弹上齿，使舌部放松、灵活。

三、声音色彩

声音色彩是指声音表达出来的语句感情色彩的外部体现。声音与意义之间，意义永远占主导地位，为此，坚持以情运气、以气托声、以声传情，才能充分发挥感情在发声过程中的作用。声音色彩主要是通过语气语调的技巧体现出来的。

（一）多彩语气

语气是用不同的声音和气息表达不同的语意和情感的技巧，它是口语表达中"神"与"形"的综合体。语气的运用要因时、因地、因人做出调整。语气的种类是丰富多彩的，大致可以分成如下几组：

1. 爱与憎：表达爱的感情时要气徐声柔，口腔松宽，气息伸长，给人以温和感；表达憎的感情时要气足声硬，口腔紧窄，气息猛塞，给人以挤压感。

2. 悲与喜：表达悲的感情时要气沉声缓，口腔如负重，气息如尽竭，给人以迟滞感；表达喜的感情时要气满声高，口腔似千里轻舟，气息似不绝清流，给人以跳跃感。

3. 惧与欲：表达惧的感情时要气提声凝，口腔似冰封，气息像倒流，给人以紧缩感；表达欲的感情时口腔积极敞开，气息力求畅达，给人以伸张感。

4. 急与冷：表达急的感情时要气短声促，口腔似弓弦，气息如穿梭，给人以紧迫感；表达冷的感情时气少声平，口腔松软，气息微弱，给人以冷寂感。

5. 怒与疑：表达怒的感情时要气粗声重，口腔如鼓，气息如椽，给人以震动感；表达疑的感情时口腔欲松还紧，气息欲连还断，给人以踟蹰感。

这些语气表达的技巧不要生搬硬套，而应该与感情融为一体，只有合情、合理、适度地运用，才能达到传情达意的目的。

例：请同学们尝试用多种丰富的语气来朗读这段文字。

你们杀死一个李公朴，会有千百万个李公朴站起来！你们将失去千百万的人民！你们看着我们人少，没有力量？告诉你们，我们的力量大得很，强得很！看今天来的这些人都是我们的人，都是我们的力量！此外还有广大的市民！我们有这个信心：人民的力量是要胜利的，真理是永远是要胜利的，真理是永远存在的。历史上没有一个反人民的势力不被人民毁灭的！希特勒，墨索里尼，不都在人民之前倒下去了吗？翻开历史看看，你们还站得住几天！你们完了，快了！快完了！我们的光明就要出现了。我们看，光明就在我们眼前，而现在正是黎明之前那个最黑暗的时候。我们有力量打破这个黑暗，争到光明！我们光明，恰是反动派的末日！

（闻一多《最后一次演讲》节选）

（二）多变语调

语调是整句话和整句话中某个语言片段在语言上的抑扬顿挫，包括全句或句中某一片段的声音的高低变化、语速的快慢、音调的轻重等。语调往往比语义（内容）更为重要，它具有强大的感染力。抑扬、顿挫、轻重、缓急是语调的四要素。

1. 语调的抑扬是随着感情的变化而变化的，一般可以归纳为高升调、降抑调、平直调、曲折调。

（1）高升调：语势由低到高，句末音节高亢，多见于疑问句和某些感叹句，一般表示疑问、惊讶、感叹、愤怒、兴奋、号召等语气。比如："怎么？这么晚了，还没回家呀！"

（2）降抑调：语势由高到低，句末音节短而低，多见于祈使句、感叹句和某些陈述性语句，一般表示冷静、自信、祈求、坚定、沉重、悲痛等语气。比如："你认准的路就要走到底。"

（3）平直调：语势平稳舒缓，无明显高低变化，多见于陈述说明性语句，一般表示庄重、平静、冷淡、哀伤、厌恶等语气。比如："那飘扬的红旗是用烈士的鲜血染红的。"

（4）曲折调：语势曲折升降起伏多变，多见于双关语句中，一般表示幽默、讽刺、夸张等比较复杂的语气或比较隐晦的感情。比如："你来得可真早啊，大家都像你这样准时，那就好啦！"

2．语句的顿挫就是指句子中、句与句间、层次间及段落间语句上的停顿。停顿在口语表达中起着标点符号的作用，合理的停顿会使语义明了，谈吐自然，停顿得不恰当，则会使语句支离破碎，意思也会含糊，造成歧义。停顿一般可以分为语法停顿、逻辑停顿和感情停顿。

（1）语法停顿，即根据语法结构安排的停顿，这种停顿既能满足讲话者自然换气的需要，也能使讲话内容层次分明。书面上的标点符号就是语法停顿上的重要依据，一般是句号、问号、感叹号后停顿稍长，分号、冒号、破折号后停顿稍短，逗号后停顿再短些，顿号后停顿更短。

（2）逻辑停顿，即为了突出强调某一事物或显示某种语义的停顿。这种停顿是由上下文的内容决定的，往往与逻辑重音相伴出现。它可以在语法停顿的基础上变动停顿时间，也可以在没有语法停顿的地方作适当的停顿。

（3）感情停顿，即根据感情和心理的需要所作的停顿。这种停顿常常以拖长音节，发音似停非停，或突然沉默来表现，并且常常辅之以体态语言，使感情表达得更加自然贴切。感情停顿常用于感情强烈的地方，比如，激动、回忆、悲痛、疑虑等，它能让人感受到比有声语言更丰富、更深刻的力量，使语言更有感染力。

3．语音的轻重是指声音的强弱。语言的表现力和说话人的感情色彩，常常是靠重音来表现的。一般来说，重要的词语或需要强调的内容说得重些，句子中的辅助成分或平淡的内容说得轻些，说话轻重适宜，声音色彩才丰富，语义才分明。

按句子语法结构、内容重点或表现思想感情来划分，重音可以分为语法重音、逻辑重音和感情重音。语法重音有一定的规律，位置比较固定。而逻辑重音和感情重音则要根据语义的重点和强调某些特殊感情来安排重音。

重音的具体表现是很复杂的，除了靠重音重读的方法外，还可以采用拖长音节、一字一顿、夸大调值、重音轻读等方法来表现。一般情况下，只要能根据不同的语义、思想来运用重音，表达情感就足够了。

4．语速的缓急主要是通过速度和节奏来体现的，不同的语速和节奏体现不同的思想感情。快和慢是相对的，相辅相成的，运动变化的。一般来说，语速的缓急可以分为舒缓型、轻快型、高亢型、低沉型、凝重型、紧张型六种。

舒缓型多用于说明性、解释性的叙述、学术探讨活动等；轻快型多用于日常性的对话、一般性的辩论等；高亢型多用于鼓动性强的演说、宣读重要的决定或叙述重大事件等；低沉型多用于悲剧事件的叙述或某些怀念、慰问性的言词等；凝重型多用于论证事件、驳斥谬论及某些语重心长的劝说等；紧张型多用于重要情况的汇报，必须要立即加以澄清的事实申辩等。这六种类型的运用往往是互相渗透、交叉使用、有主有辅的，只有适当把握，才能更显语言魅力。

例1 请同学们用多变的语调朗读下面的文字。

秋天，无论在什么地方的秋天，总是好的；可是啊，北国的秋，却特别地来得清，来得静，来得悲凉。我的不远千里，要从杭州赶上青岛，更要从青岛赶上北平来的理由，也不过想饱尝一尝这"秋"，这故都的秋味。

江南，秋当然也是有的；但草木雕得慢，空气来得润，天的颜色显得淡，并且又时常多雨而少风；一个人夹在苏州上海杭州，或厦门香港广州的市民中间，浑浑沌沌地过去，只能感到一点点清凉，秋的味，秋的色，秋的意境与姿态，总看不饱，尝不透，赏玩不到十足。秋并不是名花，也并不是美酒，那一种半开，半醉的状态，在领略秋的过程上，是不合适的。

◎ **资料卡片**

声音色彩的四要素

语调的抑扬
语句的顿挫
语音的轻重
语速的缓急

◆ 发声训练实录（一）

吹 纸 片

练习时，在面前挂一张稍薄的纸片，距离约 1 米，待深呼吸后，将气息缓缓吐出，凭借气息的力量吹动纸片，要看到纸片有明显的颤动。假如一时无法吹动纸片，可以适当地调整距离，但不可距离纸片过近。反复练习，直至轻轻一吹纸片就抖动为止。

练习提示：这是一个呼吸训练的练习，训练时可以循序渐进，逐步增加距离，延长吹动纸片的时间，还可以训练自由控制纸片的抖动程度。

◆ 发声训练实录（二）

酸 枣 子

山上住着三老子，山下住着三小子，山腰住着三哥三嫂子。山下三小子，找山当腰三哥三嫂子，借三斗三升酸枣子，山当腰三哥三嫂子，借给山下三小子三斗三升酸枣子。 山下三小子，又找山上三老子，借三斗三升酸枣子，山上三老子，还没有三斗三升酸枣子，只好到山当腰找三哥三嫂子，给山下三小子借了三斗三升酸枣子。过年山下三小子打下酸枣子，还了山当腰三哥三嫂子，两个三斗三升酸枣子。

练习提示：这是一个发声训练的综合练习，包括气息控制训练、共鸣控制训练和吐字归音训练。训练时要尽量一口气流畅地、吐字清晰地读完。

◆ 声音色彩训练实录（三）

《高山下的花环》节选

我的大炮就要万炮轰鸣，我的装甲车就要隆隆开进！我的千军万马就要去杀敌！就要去拼命！就要去流血！可刚才，有那么个神通广大的贵妇人，了不起啊，她竟有本事从千里之外把电话打到我这前沿指挥所。她来电话干啥？她来电话是要我给她儿子开后门，让我关照关照她儿子！奶奶娘！走后门，她竟敢走到我这流血牺牲的战场！我在电话里臭骂了她一顿！我雷某不管她是天老爷的夫人，还是地老爷的太太，走后门，谁敢把后门走到我这流血牺牲的战场上，没二话，我雷某要让她的儿子第一个扛上炸药包去炸碉堡！去炸碉堡！

该文段是摘自《高山下的花环》中的雷军长的一段演说，请同学们按照声音色彩的语调的抑扬、语句的顿挫、语音的轻重和语速的缓急这四个要素，有感情地朗读。

※ 任务实施

★ 拾趣

1. 练气息

（1）请将下面一段文字一口气说下来。

> 出东门，过大桥，大桥底下一树枣。
> 拿着竿子去打枣，青的多，红的少。
> 一个枣，两个枣，三个枣，四个枣，
> 五个枣，六个枣，七个枣，八个枣，
> 九个枣，十个枣；十个枣，九个枣，
> 八个枣，七个枣，六个枣，五个枣，
> 四个枣，三个枣，两个枣，一个枣，
> 这是一个绕口令，一口气说完才算好。

（2）数葫芦游戏

请同学们按照"一口气数不了十个葫芦，一个葫芦，两个葫芦，三个葫芦……"比一比谁数的葫芦最多。

★ 入境

2. 练舌头

请按照下面的提示进行发声训练：

（1）门口吊刀，刀倒吊着……（反复练习，锻炼舌的力度）

（2）山里有个寺，山外有个市，弟子三十三，师父四十四。三十三的弟子在寺里练写字，四十四的师父到市里去办事。三十三的弟子用了四十四小时，四十四的师父走了三十三里地。走了三十三里地就办了四十四件事，用了四十四小时才写了三十三个字。（锻炼舌

的灵活度）

（3）从南边来了个喇嘛，提拉着五斤塔嘛。从北边来个哑巴，腰里别着个喇叭，提拉塔嘛的喇嘛，要拿塔嘛换别喇叭哑巴的喇叭，别喇叭的哑巴，不愿意拿喇叭换提拉塔嘛喇嘛的塔嘛。提拉塔嘛的喇嘛拿塔嘛打了别喇叭的哑巴一塔嘛，别喇叭的哑巴，拿喇叭打了提拉塔嘛的喇嘛一喇叭。也不知提拉塔嘛的喇嘛拿塔嘛打坏了别喇叭哑巴的喇叭。也不知别喇叭的哑巴拿喇叭打坏了提拉塔嘛喇嘛的塔嘛。提拉塔嘛的喇嘛敦塔嘛，别喇叭的哑巴吹喇叭。（综合练习）

★ 下水

3. 用声音

朗读下面的两个语段，要求声情并茂。

（1）

《致 橡 树》

我如果爱你——
绝不像攀的凌霄花
借你的高枝炫耀自己；
我如果爱你——
绝不学痴情的鸟儿
为绿荫重复单纯的歌曲；
也不止像泉源
长年送来清凉的慰藉；
也不止像险峰
增加你的高度，衬托你的威仪，
甚至日光。
甚至春雨。
不，这些都还不够！
我必须是你近旁的一株木棉，
作为树的形象和你站在一起。
根，紧握在地下
叶，相触在云里。
每一阵风过
我们都互相致意，
但没有人
听懂我们的言语。
你有你的铜枝铁干
像刀、像剑，
也像戟；
我有我红硕的花朵

像沉重的叹息，

又像英勇的火炬。

我们分担寒潮、风雷、霹雳；

我们共享雾霭、流岚、虹霓。

仿佛永远分离，

却又终身相依。

这才是伟大的爱情，

坚贞就在这里：

爱——

不仅爱你伟岸的身躯，

也爱你坚持的位置，足下的土地。

（2）永顺是在部队的一次实弹演习中牺牲的。一颗掷出的手榴弹没有炸开，他和另外一名战士上前排除隐患。忽然发现躺在地上的那颗手榴弹在"嗤嗤"冒着白烟，惊叫了一声"不好！"他将身旁的战友推倒在地上，自己则一个箭步冲上去。——"轰隆"一声，一切归于寂静……

儿子走后，只要一有空闲，老人家就坐在村头的老榆树下，怔怔地出神。暮色来临，她才拖着疲惫的步子，挪进那间冷冷清清的小屋。她睡得很晚，就着灯光不停地为儿子做鞋做补袜、做红肚兜。按这里的风俗，未成家的孩子穿着母亲做的红肚兜才能祛病避邪，保一生平安。所以老人家就不停地做着。她还养了几只母鸡，将蛋一个个攒下来，拿到集市上换钱准备儿子娶媳妇儿时用。

老人家第一次出远门是取儿子的骨灰，在肃静的灵堂，在儿子几位战友的痛哭声中，她缓缓走到儿子遗像前。没有一个人听到她发出的哭声，却透过泪眼看到她死死抱着儿子的遗像趔趄着走出了灵堂。夜晚，营区黑黑的角落亮起了一簇火光，走近才发现，她正面向西方，烧着为儿子做的几个红肚兜和一色纸钱。老人家没有向部队提出任何要求，领导再三询问，她才要求我们班 11 个人陪她上一次街。她坚持用自己的钱买了唯一的物品——一块很长的红布。

清晨，我们走进房间发现她的用具以及永顺的遗像、骨灰盒不在了。等我们气喘吁吁地进了火车站，看到角落里正抱着儿子遗像暗自落泪的老人家，我们的眼泪潸潸而下。儿子是烈士，她不想给部队再添麻烦，不想给儿子丢脸。11 个小伙子扑向了这位正承受失子煎熬的母亲，一起哭着长长地喊了一声"娘——"

老人家又有了 11 个儿子，她疼爱这 11 个儿子像疼爱永顺一样，只因为永顺在信里说我们对他很好。

→ 任务二　态势魅力

※ 情境导入

江南商学院财务管理专业学生会成员选拔赛还有三天就要开始了，李乐同学一遍一遍地苦心练习，在秦老师的指导下，他声音洪亮，演讲抑扬顿挫，饱含激情。但是，他总觉得还是少了点打动人心的地方。于是，他查找了一些名人的演讲视频，并观看了最新的《我是演说家》的冠军演讲，终于明白了自己的不足。演讲不仅要有内容，还要有精神，而精神的传递需要有必要的态势语来辅助，为此，李乐开始对着镜子细心地练习自己的态势语。

同学们，你们有注意到平时自己表达激动时都用到了哪些态势语吗？

※ 任务要求

- 能够了解态势语的作用；
- 能够了解态势语的要求；
- 能够通过态势语的训练，熟练地掌握运用态势语的技巧。

※ 知识准备

一、态势语的作用

态势语是借助面部表情、手势动作、体态站姿等表达思想感情的一种无声语言。它是表达内容的有机组成部分，是对有声语言的有力辅助，能提升有声语言的表现力和感染力。美国心理学家艾帕尔说："人的感情表达由三个方面组成：55%的体态，38%的声调及7%的语气词。"这句话说明了态势语在表达中的重要作用。

（一）辅助作用

态势语能够紧密配合有声语言来传递信息，通过动态的、直观的形象，态势语与有声语言协调统一，作用于人的视觉和听觉，拓宽了信息传输的渠道，辅助强化了有声语言的表达。

（二）沟通作用

一个眼神，一个微笑在沟通中最动人，有时没有语言的介入，它们也能起到交流思想和传递信息的作用。态势语常常在沟通过程中临时独立地充当交际的手段。我们不仅可以利用它来传情达意，也可以通过观察沟通对象的态势语来达到理解表达内容的目的。

（三）有效把握交际过程的作用

交际者的自我形象在交际活动中是至关重要的，它常伴随着个性化的态势语，体现出交际者内在的气质、风度和人格。正确得体的态势语运用可以增强说话者的自信，使之能轻松驾驭交际过程，赢得更多的听众。

但是，我们也应该清楚，态势语虽然重要，但在口语表达中始终处于辅助地位，它的使用应受到有声语言的限制，不能喧宾夺主。

二、态势语的要求

态势语在运用过程中有如下要求：

（一）贴合内容

态势语的表达要建立在口语表达内容的基础上，要符合知觉、注意、思维、情感过程的规律。它不仅包括与有声语言内容、语调、响度、节奏等的协调一致，同时还要与说话者、听话者的心态、情感相吻合。

（二）注意场合

态势语的运用要根据特定的语言环境进行及时的调整，既不能太花哨，也不能太单调，同时还要考虑到说话者的身份和年龄，做出符合自己的态势语，从而提高自己的说话质量。

（三）把握尺度

态势语的运用要根据表达的内容把握好幅度、力度、频率等。态势语不能过多，要恰如其分、适度适用，否则，只能起到反作用。

（四）使用自然

态势语的运用没有固定的模式，要有过程、有过渡，与说话者的个性、气质相吻合。不能让听话者感觉到说话者是为动作而做动作，矫揉造作，要表现得得心应手，遣使自然，前后连贯，过渡完整。

三、态势语的训练方法

在日常的口语表达中，没有无态势的口语表达者，却有很多不会运用态势语的口语表达者。良好的态势语技巧是后天培养出来的。运用态势语首先是从整体宏观着眼，注重形象的总体轮廓，如站姿、坐姿、行姿等，然后才将视线逐步集中在局部微观的态势，如手势、表情、眼神等，因此，训练时也要遵循由宏观到微观的顺序。

（一）体态姿势训练

1. 头部姿势训练

头部姿势在表达中非常重要。我国有很多成语，如昂首阔步、点头哈腰、摇头晃脑、俯首帖耳等，都说明了头部姿势的功能。在说话过程中，我们经常可以通过点头、摇头、昂头、侧头、低头等姿势来表达思想。

点头和摇头是最基本的头部态势语，它的含义最明确。点头可以表达很多思想，如表示致意、表示同意、表示肯定、表示赞同、表示认可、表示满意、表示理解、表示顺从等，而摇头则可以表示不满、表示反对、表示否定、表示拒绝、表示无可奈何等。当然，我们在使用过程中也要适当地考虑到地区的差异，不同的地区相同的头部姿势可能表达的含义也会有差异。

昂头，可以表示充满信心，表示胜利在握，表示踌躇满志；也可以表示目中无人，表示骄傲自大等；头一直往后仰，还可以表示陶醉享受。

侧头，是指将头从一侧倾斜到另一侧，就是"歪头""歪着脖子"。它可以表示思考，表示兴趣，表示天真可爱。

低头，可以表示顺从听话，表示委屈，表示无可奈何，表示另有想法等。

头部姿势在口语表达中运用起来要注意如下几点：一是要注意民族习惯，以免闹笑话；二是动作要明显，尤其是需要它表达思想时，更是要动作稍大，让对方看清楚，对方才能正确领会，正确解读，不能似是而非，造成误解；三是要配合其他交际语言或态势语使用，这样，口语表达的意思将更加明确、生动。

2. 站姿训练

站姿是口语表达中最常用的一种身体姿势，不同的站姿往往能反映一个人对人对事所持的态度，也能体现一个人的风度，不同的站姿传达出的意义也不相同。站姿的类型大致有前进式、稍息式、自然式、立正式、丁字式。

前进式是最灵活的一种站姿。右脚在前，左脚在后，前脚脚尖指向正前方或者稍向外侧，两脚延长线的夹角成45度左右，脚跟距离在15厘米左右。这种站姿重心没有固定，可以随着上身姿势的变化来改变重心，不会因为站立时间长而身体姿态不美观。另外，前进式站姿能使手势灵活多变，表达出不同的感情。

稍息式是一种比较随性的站姿。一脚自然站立，另一只脚向前迈出半步，两脚跟之间相距约10厘米，两脚之间形成75度夹角。这种站姿一般不长时间单独使用，因为它姿势比较单一，重心一直落在后脚跟上，时间长了比较劳累，一般适用于长时间站着演讲中的短期更换姿势。有时这种姿势还会给人一种不严肃之感。

自然式是两脚自然分开、平行相距与肩同宽，约20厘米左右，这种姿势会显得有点拘束。

立正式顾名思义是采用立正姿势的一种站姿，一般出现在比较正规的场合中。

丁字式站姿是两脚倾斜形成一个"丁"字的形式的站姿，一般女性用得比较多。

不管是采用哪种站姿，我们都要提气收腹、抬头挺胸，在整个说话过程中，我们可以根据说话的内容，适当地调整站姿，做到稳健潇洒、自信从容。

3. 坐姿训练

坐姿要文雅、大方。落座时要轻盈、和缓，切忌急躁，人未站稳就重重地将屁股落在椅子上。落座后要双脚平放地面，两脚并起或前后分开，上身保持正直，头部平稳。力戒歪斜肩膀、半躺半坐、跷二郎腿、勾着脚等。

4. 行姿训练

相较于站姿和坐姿，行姿似乎显得不是很突出。但进门、出门、上台、下台都会有一个"亮相"的问题，虽然这个时间段很短，但却异常关键。在社交场合中，行走应该抬头挺胸，双眼目视前方，精神饱满，神态端正，从容稳重，步伐有力，不可跑跳。力戒自由、散漫，双手插入口袋，轻浮随便，也不能含胸、驼背，漫不经心。

（二）手势姿态训练

手势语是通过手和手指活动而表达出来的信息。法国画家德拉洛瓦曾经说过："手应当像脸一样的富有表情。"手势是态势语言的主要形式，使用频率最高。由于双手活动幅度较大，活动最方便、最灵巧，形态变化也最多，因而，它具备的表现力、吸引力和感染力也是最强的，最能表现出丰富多彩的思想感情。

从表达的思想内容来看，手势大体有如下几种。

1. 模拟手势

模拟手势就是用来模拟事物的手势，它可以使口语表达的内容更加形象生动。它使用的特点是"求神似，而非形似"。比如小朋友说他生日的时候收到了一份很大的礼物，同时，双手打开，比划了一下礼物的大小。而事实上，这个礼物很可能是要小于他比划的大小的，这说明这个礼物很受小朋友的喜欢。再比如寻人，我们用语言来描述这个人的长相的同时，也会用手势来形容这个人的大致高度。

2. 指示手势

指示手势就是指出、指明、指示具体对象的手势。这种手势可以分为实指和虚指两类。实指一般是针对视线范围内的事物，如指出你、你们、他、他们等在场的人物，这边、那边、左边、右边等方位或方向。虚指一般是针对视线范围外的事物，如很远很远的地方、很久很久以前等。曾经有一个外国朋友去小摊上买东西，由于语言不通，外国朋友和小摊货主就用手势语来确认购买物品，讨价还价确定价格。这种手势语动作简单，表达专一。

3. 象征手势

象征手势就是用来表示抽象意义的手势。比如我们经常用"V"的手势表示胜利，用"丁"的手势表示暂停，用右手向前上方有力伸出表示奋勇前进，用"OK"的手势表示可以、好。这类手势生动具体，能够和有声语言构成一种易于理解的意境。

4. 情感手势

情感手势就是用来传递情感的手势，使抽象的感情具体化、形象化，使听众易于领悟说话者的思想感情。比如，摊开双手表示无奈，挥舞拳头表示愤怒，左右挥手表示惜别等。这种手势在口语表达中运用最多，表现方式也极为丰富。

手势语不仅仅包括手势动作，还有手指动作和拳头动作，这些手势语具有多种复杂的含义，根据国别和民族的不同，它的含义也大相径庭，所以，在具体的使用过程中，应该细心辨识和掌握。

（三）面部表情训练

在态势语言中，面部表情是最能传情达意的。罗曼·罗兰说过："面部表情是多少世纪培养成功的语言，是比嘴里讲的更复杂到千百倍的语言。"可见，面部表情是人的内在思想感情在外貌上的显示，是人的思想感情最灵敏、最复杂、最准确、最微妙的"晴雨表"。

1. 目光语

心理学研究表明，在人的各种感觉器官可获得的信息总量中，眼睛要占80%以上。人内心的隐秘总是自觉或不自觉地通过眼神流露出来。所以，泰戈尔说："一旦学会了眼睛的语言，表情的变化将是无穷无尽的。"目光语的训练可以从时间、角度、部位和方式四个方面入手。

（1）时间

目光注视的时间长短可以表示说话者的态度。表示友好、重视、感兴趣等，通常时间会较长；表示不在意、蔑视、不在乎等，通常时间极短。研究表明，讲课、讲演或说话时，目光与学生或听众的接触达到讲课、讲演或说话时间的70%以上的，其讲课、讲演或说话获得学生或听众的好感、兴趣、喜欢，激发他们的兴致，将达到最佳效果。因为，目光接触的时间长，和听众交流感情的机会就多。

（2）角度

目光的角度可以有视线向上、保持平视和视线向下三种。加拿大医学博士柏恩提出的人格结构的 P、A、C 分析理论，对于理解目光的角度是很有用的。P（Parents）指视线向下型，表现出父母对子女，或者长者对后辈的爱护、爱怜与宽容的心理状态。A（Adult）指保持平视型，表现基于理性与冷静思考等评价的成人心理状态。C（Children）指视线向上型，表示尊敬、敬畏和撒娇等以自我为中心的儿童心理状态。我们在具体的表达环境中也可以以这个理论为根据来判断我们应该用哪种目光的角度。

（3）部位

在口语表达中，对象的不同，目光注视的部位也会不同。目光注视的部位就是指说话时目光所及之处。如果口语表达者面对的是群体，那么，目光所及之处则应该是"大家"。高明的口语表达者面对群体时，总能让在场的每一个个体都感受到，你是在看着他说话的。如果口语表达者面对的是个体，那么，目光注视的部位不同，不但能表明说话者的态度，也能表明双方关系的不同。目光注视对方的双眼，表示重视对方，属于关注型目光；目光注视对方的额头，表示严肃认真，属于公务型目光；目光注视对方的眼部及唇部，是口语表达中最常用的方法，属于常规社交型目光。

（4）方式

目光语运用的方式有很多类型，每种方式的效果也各不相同。说话者要观察听众的眼神和表情，及时调整自己的目光语的方式，才能将表达效果提升到最佳。在口语表达过程中，特别是表达对象是群体时，如何运用目光语显得尤为重要。目光语运用的方式有直视法、扫视法、虚视法、点视法、仰视法、俯视法、侧视法、闭目法等。

直视法和扫视法：

直视法是说话者视线平直向前面弧形流转，扫视法是目光在全场有目的地扫一下。这两种方式都是为了较全面地了解听众的心理反应，要让所有的听众都注意到你，不觉得你是在和某个人交流，可以根据你说话时的节奏、内容、语调等的变化，进行目光的弧形流转和扫视，要顾及到坐在偏僻角落的听众，这种方式还要注意过渡和衔接，否则，会有刻意的嫌疑。

虚视法和点视法：

虚视法就是似视非视，做到虚与实的目光交替。点视法是目光指向听众中的某一个个体。在说话过程中，说话者可以做到"目中无人，心中有人"，"实"看某一部分人，"虚"看大家，这样可以有效地缓解说话者的紧张感，同时，有时大胆地运用点视法，可以有效地处理说话过程的突发情况。

仰视法和俯视法：

在口语表达中，不要总是注视着听众，可以根据表达的内容恰当地运用仰视法和俯视法。如表达爱护和宽容时可以目光下移，用俯视法；表示尊敬、思索或回忆时可以目光上移，采用仰视法。这样，可以有效地提高表达的效果。

侧视法和闭目法：

侧视法是运用"Z"形或"S"形视线，这在口语表达中运用得较多。闭目法是指在口语表达中讲到特殊内容时，比如英雄就义时，可以采用这种方式来平静心情。

总之，眼睛的力量是无穷的。德国哲学家黑格尔说过："不但是身体的面容、姿态和姿势，就是行动和事迹、语言和声音以及它们在不同生活中的千变万化，全部可以艺术化为眼睛。人们从这眼睛里可以认识到内在的无限自由的心灵。"

2. 面容

面容，是在情感的驱动下，面部肌肉的运动和面部器官，如眉、口、鼻、耳的互动所显示的综合表情。从生理上说，人的面部表情可以产生 25 万种之多。最常见的有以下几种：

（1）表示心情很好，诸如兴奋、幸福、快乐、兴趣、高兴等的表情时，面容呈现为：眉毛上扬，嘴角向下，口张开，瞳孔放大，有时还可以伴有笑声或拍打身体等动作。

（2）表示痛苦、悲伤等表情时，面部呈现为：皱眉，皱鼻，眯眼，嘴角下拉，张开嘴，配合有声语言传递。

（3）表示愤怒的表情时，面容呈现为：眼睛睁大，眉毛倒竖，嘴角拉开，紧咬牙关，极具攻击性。

（4）表示惊愕、恐惧的表情时，面容呈现为：眉毛高扬，眼睛与口张开，倒吸一口凉气。

（5）表示蔑视、嘲笑等表情时，面容呈现为：视角斜下，眉毛平，抬面颊。

面部表情的恰当运用可以对有声语言起解释、补充、强化、纠正的作用。面部表情得当，会使说话者与听众的心理距离消失，从而使双方交流更加愉快、默契。

◆ **态势语训练实录（一）**

假设你出国旅游，想买一样纪念品回国送给朋友，琳琅满目的商品中，你看中了一串风铃，如图所示。可是双方语言不通，只能用态势语来表达自己的意思，请用态势语表示一下：

1. 你想买的是哪一串风铃。（根据图示任选一串）
2. 对方的要价是 25 美元，你只愿出 15 美元，最后 18 美元成交。
3. 买卖双方都很满意这一次交易。

综合利用体态、手势、目光、面部来表达这次完整的交易过程。

◆ **态势语训练实录（二）**

《小熊过桥》

小竹桥，摇啊摇，有只小熊要过桥。立不稳，站不牢，走到桥上心乱跳。

头上乌鸦哇哇叫，桥下流水哗哗笑。

"妈妈，妈妈，快来呀，快快把我抱过桥。"

河里鲤鱼跳出来，对着小熊高声叫：

"小熊小熊不要怕，眼睛向着前面瞧。"

一二三，向前跑，小熊过桥回头笑，鲤鱼乐得尾巴摇。

这是一首耳熟能详的儿歌，可以根据态势语的技巧来重新演绎一下。同学们可以先从体态、手势、目光、面部表情这四个方面找到相应的语句。思考一下能用什么方式来分别演绎，再结合上一个章节的有声语言的相关内容展开练习。

体态："立不稳，站不牢"—身体摇摇晃晃。

手势："走到桥上心乱跳"—手放在心口。

目光："眼睛向着前面瞧"—目光平视，抬头挺胸，还可以加上双手侧平举保持平衡。

面部表情："小熊过桥回头笑"—笑容天真，灿烂，喜悦。

※ 任务实施

★ 拾趣

1. 试一试

请用自己丰富的态势语表达如下的情感与心理：

（1）很委屈，想哭却未哭出来；

（2）愤怒，咆哮，怒发冲冠；

（3）沉浸在爱河里，如蜜糖般甜蜜；

（4）哀莫大于心死；

（5）获得了巨大的、难以想象的成功。

★ 入境

2. 练一练

你参加了幼儿故事园的志愿者活动，将要给苗苗班的小朋友讲《猪八戒吃西瓜》的故事，请你设计一下这个故事的态势语，并给同学们演练一下。

猪八戒吃西瓜

唐僧师徒去取经，有一天，天气好热，孙悟空说："你们一下，我去摘点水果。"猪八戒说："我也去，我也去！"猪八戒跟着孙悟空去了，走了很久也没有找到水果。猪八戒"哎哟、哎哟"地叫起来，不愿意走了。孙悟空就一个人去摘水果了。

猪八戒，想要睡一觉，突然看见山脚下有大西瓜！他高兴极了，把西瓜切成了四块，说："第一块，给师父吃；第二块给孙悟空吃；第三块给沙和尚吃；第四块，给我吃。"他啊呜啊呜就吃掉了一块西瓜。

"西瓜不够吃，我再吃一块吧。"啊呜啊呜，两块西瓜没有了。

"西瓜不够吃，我再吃一块吧。"啊呜啊呜，三块西瓜没有了。

"西瓜不够吃，我再吃一块吧。"啊呜啊呜，西瓜吃完啦！

没有西瓜了，这时，孙悟空说"八戒，八戒，你在干嘛？"猪八戒吓了一跳，急忙把西瓜皮扔得远远的，说："没干嘛！"孙悟空说："我摘了些水果，咱们回去一起吃吧。"猪八戒说："好的，好的。"一路上八戒啪嗒，啪嗒，啪嗒，踩到三块西瓜皮，连续摔了三跤，"哎呦痛死我了，疼死我了！"孙悟空哈哈大笑。啪嗒，又踩到一块西瓜皮，八戒重重地摔在地上，再也爬不起来了。唐僧、沙和尚看见八戒不停地摔跤就问他是怎么回事，八戒红着脸说不出话来。

★ 下水

3. 演一演

（1）以"请看我"为题，按照下面的要求介绍自己：

不慌不忙走上讲台，先站定，后抬头，面向大家说话；

说话中，必须有 2~3 个富有个性的手势；

说话时间不少于 2 分钟，不超过 3 分钟，说话时，要与听众有目光交流。

（2）请结合上一个任务中有声语言的相关知识和本次任务中态势语的运用技巧，演绎这段演讲词。

摆在我们面前的，是一场极为痛苦的严峻的考验。在我们面前，有许多许多漫长的斗争和苦难的岁月。你们问：我们的政策是什么我要说，我们的政策就是用我们全部能力，用上帝所给予我们的全部力量，在海上、陆地和空中进行战争，同一个在人类黑暗悲惨的罪恶史上所从未有过的穷凶极恶的暴政进行战争。这就是我们的政策。你们问：我们的目标是什么我可以用一个词来回答：胜利——不惜一切代价，去赢得胜利；无论多么可怕，也要赢得胜利，无论道路多么遥远和艰难，也要赢得胜利。因为没有胜利，就不能生存。大家必须认识到这一点：没有胜利，就没有英帝国的存在，就没有英帝国所代表的一切，就没有促使人类朝着自己目标奋勇前进这一世代相因的强烈欲望和动力。但是当我挑起这个担子的时候，我是心情愉快、满怀希望的。我深信，人们不会听佳我们的事业遭受失败。此时此刻，我觉得我有权利要求大家的支持，我要说：来吧，让我们同心协力，一道前进。

→ 任务三 合理陈述

※ 情境导入

江南商学院财务管理专业学生

李乐同学计划今年暑假和三个好朋友来一次四川自由行。他们都已经 18 岁了，非常期盼能践行人生第一次独自旅行，就怕自己的父母过于担忧，不肯放行。

于是，他们四人一起商讨要如何去说服他们的父母。

李乐："我们已经成人了，旅行费用是我们自己打工赚的或者平时省吃俭用积累的，他们没有权利阻止我们。"

朱奇："对，我们又没去国外，在国内玩玩，怕什么呢？"

马小川："再说，我们四个人一起，又不是真正的独自旅行，没啥好担忧的。"

林静："我们先制定一下旅行计划，越详细，他们应该越能同意的。"

你觉得他们能说服他们的父母吗？你有什么好的建议吗？

※ 任务要求

· 能够了解合理陈述的性质和要求；
· 能够掌握合理陈述的技巧；
· 能够运用叙述、描述、说明性质的话语进行合理陈述。

※ 知识准备

一、合理陈述的性质

合理陈述是指在有准备的情况下，根据对象和场合的不同，有目的地、准确地、有条理地、声情并茂地陈述一件事情或一个事物，达到让对方明白、理解、认同的目的。合理陈述和一般的沟通交流略有不同，它是在有准备的情况下的口语表达，一般是以其中一方说话为主，大多表现为对事或对物的陈述。

二、合理陈述的要求

合理陈述一般包括前期准备和现场表现两个方面。

（一）前期准备

1. 明确目的：合理陈述不是交流聊天，可以天南地北地随意发挥。合理陈述一般都有比较明确的目的性，叙述一件事情或描述一个事物，是想征求对方的意见还是想获得对方的认同，所以，合理陈述要根据目的准备自己的陈述内容。

2. 关注对象：合理陈述要关注陈述的对象。对象是个人还是群体，是成人还是未成年人，是平级还是上下级关系等，都对陈述的内容产生影响。

3. 合理架构：在前期准备工作中，合理架构是最关键的一个环节。它是将目的、对象等要素合理、恰当地融入到陈述内容中的一个过程，是能否成功合理陈述的关键。

4. 反复演练：当陈述内容已经完成后，一定要进行反复的演练，这样可以进一步熟悉陈述的内容，缓解自己的紧张情绪。同时，也有利于合理地控制自己陈述的时间，达到预期的效果。

（二）现场表现

1. 开场自然：设计一个良好的开场，等于是合理陈述成功了一半。可以以简单的自我介绍、主题介绍、示例引入、亮点展示等作为开场，简洁、自然、不做作，引起听众的注意。

2. 情绪平稳：在合理陈述时，要控制好自己的情绪，不能过于紧张，也不能过于激动、兴奋，要表现出自然、真诚、坚信，让听众放松地听你陈述。

3. 语句合理：虽然说合理陈述一般都是在有准备的前提之下进行，但是，现场总是有一些即兴处理的问题，一定要用合理的语言去处理这些突发状况。

4．态势恰当：在合理陈述的过程中，我们要运用合适的态势语作为陈述的辅助手段，要有稳定的站坐姿势，配合丰富的手势动作，加上积极自信的表情和必要的目光交流。

5．提问处理：在合理陈述的过程中，听众会有问题提出，此时，要暂停陈述，仔细聆听，根据事情和提问者的要求给出回答，同时，还要兼顾其他的听众。

三、合理陈述的技巧

（一）合理陈述的内容种类

1．叙述类陈述

叙述类陈述一般是对某个事件的态势发展作介绍或汇报，所以，叙述类陈述的内容中会出现事件的缘由、事件的经过、事件的后果，有时会穿插事件中人物的描写或是心理活动。在用自己的视角向听众陈述某件事情或者事件中某个人的时候，应当把事件发生的起因、经过、结果及事件的核心人物明确地陈述出来。

2．描述类陈述

描述类陈述一般是对人物或者景物的状态作具体生动的描绘，它的内容主要有再现自然景色、事物情状、人物的形貌、内心世界和事物的具体环境等。描述类陈述能够活灵活现地展现彼时彼景的样貌，因此，陈述者可以通过描摹的词语加上丰富的态势语言来陈述。

3．说明类陈述

说明类陈述是实事求是对某事物的本质进行说明，让听众能够认识、了解到该事物或事件的优点和缺点。这类陈述不应对原有事物进行夸大描述，也不要减少它原有的特点，重在阐明每一个环节，让听众能够从中掌握相应的知识或者了解事物的本质。

（二）合理陈述的技巧

在生活学习中，人们进行陈述时往往会将这三类糅杂在一起，陈述者会根据自己的目的、需求向听众传递相关信息，在信息片段中有时会融合三类陈述内容。因此，陈述者应该从以下几点来架构自己的陈述内容，完善自己的陈述表现。

1．陈述的内容要完整

陈述的内容要包括事件的核心人物、事件的起因、事件的经过、事件的结果四个要素。

在陈述过程中，核心人物或是关键人物往往会多次出现，而其他人物大多是陪衬。那么，陈述的重点就应该凸显在这个核心人物上，必要时要对这个核心人物的形貌和内心世界做描述类陈述，从而让听众抓到这个关键人物。

在陈述过程中，事件的起因要交代清楚。起因准确明了的陈述可以让听众明白事件的性质，也可以让听众尽快地进入到你营造的陈述氛围中去。

在陈述过程中，事件的经过要注意详略得当，陈述者可以根据自己的陈述目的和需求来安排陈述内容的详略。

在陈述过程中，事件的结果也要交代清楚，因为这是听众最关注的部分，也是听众有可能会提出疑问的部分。

2．陈述的条理要清晰

陈述的条理清晰，可以帮助听众更好地理解陈述的内容。在陈述内容中加入一定的序数词或者关联词可以突出陈述内容的重点和关键。

序数词，如"首先、其次、然后、最后""第一、第二、第三、更重要的是"等，这些序数词既可以让陈述的条理清晰，同时，也能突出陈述的重点。

关联词，如"不但……而且""宁可……也不……""与其……不如……"这些关联词都将陈述者的个人看法、意见侧重在后面的要素；"只要……就……""倘使……还……"这些关联词又将陈述者的想法侧重在前面的要素。

所以，陈述中恰当地使用关联词或是序数词可以帮助听众抓住陈述内容的关键，也可以让听众明白陈述者的用意，是陈述内容中不可缺少的"关键词"。

3. 陈述的表现要丰富

合理陈述不仅仅要求内容的准确、合理，还要陈述的表现恰当、精彩。合理陈述是有声语言和无声语言的"水乳交融"。无声语言，即态势语的运用在合理陈述中是非常重要的。

陈述者可以通过丰富、恰当的身体语言、手势语言、面部语言来对陈述内容进行有效补充、说明。同时，还可以通过态势语来表现陈述者的情绪、情感，从而感染听众，吸引听众，说服听众，获得听众的认可。

◆ 合理陈述训练实录（一）

退 货 申 请

您好！这双鞋是我半个月前在八佰伴××柜台买的，今天，我来退货。

首先，我喜欢这双鞋很久了，那天，这双鞋在做促销活动，很优惠，于是我毫不犹豫就买了。

其次，由于这款鞋是秋鞋，买回家后，我没有立即就穿，到上周气温上升我才穿的，也就上班穿了 3 天，鞋面就断裂了。

最后，根据鞋子的三包规定，15 天之内，所购买的皮鞋发生鞋底开裂、鞋面断裂等严重质量问题的，可以退货。

所以，我要求该柜台同意我的退货申请。

该实录是一位顾客在商场的一次退货经历，看完这段内容后我们可以明确以下内容。

事件的核心人物：我（反复出现，属于核心人物）

事件的起因：所购买皮鞋发生了鞋面断裂

事件的经过：购买—穿 3 天—鞋面断裂—退货

事件的结果：要求退货

序数词："首先，其次，最后"

这段陈述用序数词依次列出了退货的理由，将重点放在最后一点上，排除了无理退货的可能，在陈述的过程中，陈述者可以用坚定的语气、平稳的语调进行陈述，加入恰当的手势语和诚恳的面部表情，就更容易达到这次退货的目的。

◆ 合理陈述训练实录（二）

请根据以下提供的情境，作一次口头的事件陈述：

1. 中午，老师办公室，班主任老师和男生宿舍的舍长；

2．男生宿舍在本周的宿舍检查中，卫生工作被点名批评；

3．班主任老师已经多次提醒，并且和宿舍的同学约定，如果再次被点名批评，那么，就退宿；

4．昨天晚上，宿舍里的一位同学胃疼，大家为了照顾他，很晚才休息，于是，早上才起晚了，草草完成了卫生工作，赶到教室已经迟了；

5．希望班主任老师能够再给该同学一次机会，因为离家太远了，退宿会对学习和生活造成很多麻烦。

这个事例来源于同学们的日常生活中，陈述的对象是班主任老师，我们可以按照陈述的几个要素来组织陈述的内容，陈述时还要注意态势语的运用。

◎ 资料卡片

合理陈述的技巧

事件的核心人物
事件的起因、经过、结果
关联词或序数词
态势语

※ 任务实施

★ 拾趣

1．辨一辨

请聆听下面一段陈述（志愿者活动陈述），说说有哪些地方需要修改、润色。

上周六，我们班级的几个共青团员一起到敬老院去做志愿者，我们约在上午 9 点钟在敬老院门口集合，结果 8 名团员就准时来了 4 名，有的起晚了，有的没赶上公交，有的堵车了，甚至有的忘记了这次活动。我们 10 点才开始活动，敬老院的老人们有的眼睛看不清了，有的耳朵不太灵了，有的腿脚活动不便了，我们大家就各自展开活动。敬老院的环境还是很不错的，有自己的菜园，里面种了很多品种的蔬菜，老人们既可以活动一下筋骨，还能自给自足。我们 11 点钟才结束了这次志愿者活动，这是一次非常有意义的活动。

★ 入境

2．写一写

李乐他们经历了第一次的自助旅行，积累了一定的经验，下一次他们准备去西藏了，要如何说服他们的父母支持他们的行动呢？请你做一个合理陈述。

★ 下水

3．说一说

校运动会即将召开，班主任老师向全班同学征集入场式金点子，从服装、道具、口号、入场式队列等方面征求同学们的意见。请你根据班级的情况，做一份入场式方案，向全班同学进行陈述，争取获得大家的认可。

→ 综合自测　朗读者

※ 活动导入

江南商学院财经系三年级 1 班准备在活动课上开展一次文学作品欣赏大会，本次活动的目的是提高同学们的朗诵和口语陈述水平，为此班干部们设计了一个活动方案：朗读者。这次活动的内容可以根据同学们的文学爱好来自由组合，让我们行动起来吧！

※ 活动要求

- 通过朗诵同学们喜欢的文学作品的片段，提高同学们灵活运用有声语言和态势语言的能力；
- 通过合理陈述文学作品的创作情况和自己喜欢的理由，锻炼同学们口语陈述的能力；
- 每位同学的选材、朗诵、陈述需本人独立完成。

※ 活动描述

一、活动目标

1. 陈述目标：根据自己的亲身经历或者阅读爱好，选择一篇或一个片段的文字，说说自己的感悟与体会，向同学们做一个陈述，并争取获得大家的共鸣。

2. 朗读目标：根据自己所选择的一篇或一个片段的有感文字，确定朗读的语气、语调、语感，并加入恰当的态势语，流畅并有感情地完成朗读片段。

二、活动进行

1. 陈述自己所选的篇章或片段

作品介绍：＿＿＿＿＿＿＿＿＿＿＿＿＿＿＿＿＿＿＿＿＿＿＿＿＿＿

作家介绍：＿＿＿＿＿＿＿＿＿＿＿＿＿＿＿＿＿＿＿＿＿＿＿＿＿＿

我的感悟与共鸣：＿＿＿＿＿＿＿＿＿＿＿＿＿＿＿＿＿＿＿＿＿＿

这一部分是学生对自己喜欢的文学作品进行陈述的过程，每个同学要将自己对作家及作品的理解，特别是自己的感悟与共鸣进行信息的筛选、整理和整合，再将其完整地陈述出来，一方面可以展现自己在文学上的兴趣爱好，另一方面也可以让同学们更了解自己的爱好并认同自己的想法。所以，在陈述时要有理有据并具备个人特色。

2. 确定朗读要素

确定对象（作品的名称、作者和片段）：＿＿＿＿＿＿＿＿＿＿＿

确定朗诵基调（语气、语调、语感）：＿＿＿＿＿＿＿＿＿＿

确定合理的态势语：＿＿＿＿＿＿＿＿＿＿＿＿

这一部分内容由学生根据自己的爱好自由选择，把对作品的朗诵技巧思考后填在横线处。

范例：

海　燕

在苍茫的大海上，狂风卷集着乌云。在乌云和大海之间，海燕像黑色的闪电，在高傲地飞翔。

一会儿翅膀碰着波浪，一会儿箭一般地直冲向乌云，它叫喊着，——就在这鸟儿勇敢的叫喊声里，乌云听出了欢乐。

在这叫喊声里——充满着对暴风雨的渴望！在这叫喊声里，乌云听出了愤怒的力量、热情的火焰和胜利的信心。

海鸥在暴风雨来临之前呻吟着，——呻吟着，它们在大海上飞窜，想把自己对暴风雨的恐惧，掩藏到大海深处。

海鸭也在呻吟着，——它们这些海鸭啊，享受不了生活的战斗的欢乐：轰隆隆的雷声就把它们吓坏了。

蠢笨的企鹅，胆怯地把肥胖的身体躲藏在悬崖底下……只有那高傲的海燕，勇敢地，自由自在地，在泛起白沫的大海上飞翔！

乌云越来越暗，越来越低，向海面直压下来，而波浪一边歌唱，一边冲向高空，去迎接那雷声。

雷声轰响。波浪在愤怒的飞沫中呼叫，跟狂风争鸣。看吧，狂风紧紧抱起一层层巨浪，恶狠狠地把它们甩到悬崖上，把这些大块的翡翠摔成尘雾和碎末。

海燕叫喊着，飞翔着，像黑色的闪电，箭一般地穿过乌云，翅膀掠起波浪的飞沫。

看吧，它飞舞着，像个精灵，——高傲的、黑色的暴风雨的精灵，——它在大笑，它又在号叫……它笑那些乌云，它因为欢乐而号叫！

这个敏感的精灵，——它从雷声的震怒里，早就听出了困乏，它深信，乌云遮不住太阳，——是的，遮不住的！

狂风吼叫……雷声轰响……

一堆堆乌云，像青色的火焰，在无底的大海上燃烧。大海抓住闪电的箭光，把它们熄灭在自己的深渊里。这些闪电的影子，活像一条条火蛇，在大海里蜿蜒游动，一晃就消失了。

——暴风雨！暴风雨就要来啦！

这是勇敢的海燕，在怒吼的大海上，在闪电中间，高傲地飞翔；这是胜利的预言家在叫喊：

——让暴风雨来得更猛烈些吧！

陈述自己所选的篇章或片段

作品介绍：著名的散文诗，它是高尔基早期的代表作品，写于 1901 年，那时正是俄国 1905 年革命前夕最黑暗的年代，俄国工人运动不断高涨，动摇着沙皇统治的根基。

作家介绍：高尔基（1868—1936 年），俄国作家，"无产阶级艺术最伟大的代表者"（列宁语）、社会主义现实主义文学的奠基人、无产阶级革命文学导师。生在木工家庭，当过学徒、码头工、面包师傅等，曾流浪俄国各地，经历丰富。1892 年开始发表作品，早期作品多半是描写沙皇统治下的人民的痛苦以及他们对美好生活的向往。1906 年发表了最著名的长篇小说《母亲》，反映了俄国工人阶级的革命斗争，被列宁称为是"一本很及时的好书"。高尔基自传性的三步曲有《童年》、《在人间》、《我的大学》。

我的感悟和共鸣：这是一首散文诗，兼有散文和诗的特点。它通过对暴风雨到来之前的大海景象的描绘和对海燕战斗英姿的刻画，深刻反映了 1905 年俄国革命前急剧发展的革命形势，热情洋溢地歌颂了俄国无产阶级革命先驱者坚强无畏的战斗精神，预言沙皇的黑暗统治必将崩溃，号召广大劳动人民积极行动起来，迎接伟大的革命斗争。这部作品能激起我们迎难而上的勇气，鼓励我们面对困难要坚持不懈的奋斗。每次读到这篇文章，我总是心潮澎湃，心中对学习和生活上的困难的畏惧就不翼而飞，能赐给我勇气、力量和坚持不懈的斗志。

确定朗读要素

确定对象（作品的名称、作者和片段）：高尔基《海燕》

确定朗诵基调（语气、语调、语感）：高亢有力、抑扬顿挫、热情奔放、波澜壮阔

确定合理的态势语：手臂上举、握拳

3. 分组活动

每 8 个同学组成一组品鉴活动，其他同学根据评分表打分。每一组选出最优秀的同学进行全班的汇报活动。

4. 汇报活动

优秀同学进行汇报表演，教师点评、总结。

三、活动评价估量表

项目分类	测评项目	得　分
朗诵	1. 普通话吐字清晰、咬字标准。	10 分
	2. 能够脱稿成诵。	10 分
	3. 能够在理解文本内容和表达感情的基础上，用不同的语气来朗读。	15 分
	4. 能够情随声出、声情并茂，运用恰当的语调、语感来表达情感的波动。	10 分
态势	5. 能够根据文段表现的感情，用丰富的面部表情准确生动地表现出来。	10 分
	6. 能够用手和胳膊的动作和造型来表达文段的思想感情。	10 分
陈述	7. 陈述过程自然、流利、通畅。	15 分
	8. 陈述内容有理有据。	10 分
	9. 陈述时条理清楚、表现丰富，具有说服力。	10 分
得　分		
评　语		

使用要则：该测验表用百分等级来解释测验得分。

校园生活篇

知识要点

　　语言是一种纽带，是人类敞开心扉的交流形式，是人类情感交集的抒发模式，也是人类释放悲喜的表达方式。语言是一门艺术，它可以如春风细雨，润物无声，暖人心田；它可以如骄阳骤雨，铿锵有力，热情奔放；它可以如秋日硕果，丰满甜美，收获喜悦；它也可以如寒风暴雪，冷冽凄凉，痛彻心扉。语言是思想的外化，是必不可少的交际工具，它可以塑造自我，成就事业，促成合作，共同发展。相同的意思用不同的语言表达方式会产生截然不同的言语效果。同学们，要在恰当的时机对恰当的人说出恰当的话，是一门深奥的学问，需要的不仅是巧妙的技巧，更是一份智慧。就让我们翻开语言魅力的新篇章，学习如何去用智慧驾驭我们的舌头吧！

模块三　——彬彬有礼

※ 项目引领

语言是人际交往中不可或缺的重要工具，它既是一门学问，又是一门艺术。生活离不开语言，在人与人的交流中，语言是给人留下的第一印象，所以学会说话就成了生活中不可或缺的一部分。同学们，我们要学会彬彬有礼地说话，这样既能于平淡中见微妙，又能于平凡中显真谛，还能于平和中意深远。

※ 项目目标

1. 能够掌握称呼语与应变语的语言技巧；
2. 能够掌握幽默语与委婉语的语言技巧；
3. 能够掌握赞美语与批评语的语言技巧。

→ 任务一　称呼语与应变语

※ 情境导入

江南商学院财务管理专业会计班要召开一次对外开放的主题班会，欢迎广大老师和同学来观摩指导。李乐同学既负责在主题班会开始前接待前来的老师和同学，也担任主题班会后与在场观摩的老师同学交流经验教训的任务。前来观摩的老师有校内的，也有校外的，有领导，也有普通老师，还有其他学校的代表同学等，怎样称呼到场的人员呢？李乐同学犯了愁。主题班会结束后，与到场的老师和同学交流时，还要即兴回答他们提出的问题，交流彼此的经验，李乐越想越忐忑。

如果你有好的办法和建议，不妨给他支支招！

※ 任务要求

• 能够了解称呼语的特征、基本要求和语言技巧；
• 能够掌握应变语的语言技巧；
• 能够掌握并灵活地运用称呼语和应变语的语言技巧。

※ 知识准备

一、称呼语

（一）称呼语的特征

称呼语，是指在人与人交往过程中使用的称谓和呼语，它可以用来指代某人或引起某人的注意，也能反映人与人之间的关系、态度和情感。

称呼语要具备简洁性、褒贬性和开启性的特征。简洁性是指称呼语要音节少、形式简单，容易引起注意和情趣。褒贬性是指称呼语有明显的褒贬含义。开启性是指称呼语是社交的起点，既要引起对方注意，同时也要为进一步的表达交流打好基础。

（二）称呼语的基本要求和语言技巧

1. 合乎常规

合乎常规就是采用人们平时约定俗成的较为规范的称呼。在日常生活中，常规性称呼大概有以下几类：

第一，行政职务类称呼。它是在较为正式的官方场合中的称呼，如政府活动、公司活动、学术活动等，如 "许局长""林经理""马董事长"等。

第二，技术职称类称呼。这类称呼一般用来说明被称呼者是该领域内的权威人士或专家，如"李工程师""王会计师"等。

第三，学术头衔类称呼。这和技术职称类称呼的区别在于，学术头衔类称呼是表示被称呼者在专业方面的造诣，如"伍博士""韩教授"等。

第四，行业类称呼。在不清楚对方的职务、职称的具体情况下，可以用行业称呼，如"警察同志""解放军同志""护士小姐"等。

第五，常用尊称。它是指在人际交往中广泛使用的表示尊重的称呼，一般在不知道对方的姓名、职业等具体情况下使用，如"小姐""先生""夫人""同志"等。也可以用表示亲属关系的爱称来称呼并不是亲属关系的人，来表示尊敬，如"阿姨""叔叔""大爷"等。

2. 尊重对象

正确、适当的称呼一定要关注称呼的对象，要考虑到对方的年龄、职业、身份以及语言习惯等。

见到长者，一定要用尊称，特别是你有求于人的时候，比如，"老爷爷""老奶奶""老师傅""老先生""大叔""大娘""您老"等，不能随便喊"喂""嗨""骑车的""放牛的"等，更不能直接以"老头儿""老太"等来称呼长者，这是很不礼貌的行为。另外，看年龄称呼一定要力求准确，如果把"姑娘"称作"大姐"，把"大姐"称作"大嫂"，把"大嫂"称作"大妈"，把"大妈"称作"大娘"，一定会闹出笑话。

对不同职业的人，也应该有不同的称呼。对医生称"大夫"，对教师称"老师"，对国家干部和公职人员、解放军、民警等，称"同志"，对外企的工作人员，称"先生""小姐""夫人"等，这样称呼才合情合理，自然亲切。

在人际交往中，如果不知道对方的职业，可以考虑对方的身份，可以从人与人之间的关系去定位其身份。比如，"师母""千金"等。

另外，我们还要考虑到被称呼者的语言习惯，要入乡随俗。比如，"同志"在海外有同性恋的含义，"师傅"在北方是指出家人，"爱人"在西方指第三者。所以，称呼时要充分考虑到地域、习俗、文化背景等的差异性。

3. 区分场合

称呼同一个人，在不同的场合，称呼语也要做一些调整。在正式场合中，我们一般可以用对方的职务、职业等来称呼。在私人场合中，我们可以根据自己和对方之间的亲疏关系，采用一种更亲密无间、欢快自然、无拘无束的称呼。

二、应变语

在口语交际中，说话人往往需要根据对方的说话内容、场景变化、气氛变化、听众反应等随机应变，也需要灵活地处理交际过程中出现的一些意外变故。应变语反映了一个人在人际交往中的灵敏度，是一个人用恰到好处的分寸、智慧机敏的头脑、诙谐灵活的语言来化解会话过程中出现的意想之中或意料之外的变故的语言形式。

应变语在口语交际中可以帮助你打破僵局、摆脱窘境，可以避开语言冲撞、可以调节语言纠纷甚至可以回击羞辱、弥补过失、应付意外。比如，周恩来总理就是一位应变能力非常强的外交家，往往可以用恰到好处的应变语有力地回击不怀好意的提问。有一次，在美国代表团访华时，曾有一名官员当着总理的面说："中国人很喜欢低着头走路，而我们美国人却总是抬着头走路。"此语一出，话惊四座。周总理不慌不忙，脸带微笑地说："这并不奇怪。因为我们中国人喜欢走上坡路，而你们美国人喜欢走下坡路。"美国官员的话里显然包含着对中国人的极大侮辱。在场的中国工作人员都十分气愤，但囿于外交场合难以强烈斥责对方的无礼。如果忍气吞声，听任对方的羞辱，那么国威何在？周总理的回答让美国人领教了什么叫做柔中带刚，最终尴尬、窘迫的是美国人自己。

要提高自己运用应变语的能力，可以从以下几个方面入手：

1. 注意积累

应变语的灵活运用要求说话者具有较高的文化素养和较强的语言表达能力。如果一个人文化素养好，有广博的学识，再加上语言表达方式灵活，词汇量丰富，那么，在需要使用应变语的时候就能手到擒来，游刃有余。

2. 善于观察

要想灵活运用应变语就要锻炼自己的观察力，对语言环境的观察、对现场气氛的观察、对说话者身份和目的的观察等，做到知己知彼，才能百战不殆。

3. 冷静自信

应变语一般是用在人际交往出现意外情况的时候，越紧张、尴尬，就越要冷静自信，保持良好的心态、敏锐的观察力和理性的思考力，才能有效地运用灵活的语言缓解窘境。

4. 巧用幽默

应变语最好要诙谐幽默一点，这样比较容易使局促、尴尬的场面变得轻松、缓和，能有效地避开语言冲突，使自己和对方的紧张情绪得到缓解，甚至可以消除对方的敌对情绪，顺利地完成交流。

◆ 模拟训练实录（一）

在广告公司上班的王先生和公司门卫的关系处得很好，平时进出公司大门时，门卫都对王先生以"王哥"相称，王先生也觉得这个称呼很亲切。这天，王先生陪同几位来自香港的客户一同进入公司，门卫看到王先生一行人，便热情地打招呼道："王哥好，几位大哥好！"谁知随行的几位香港客户觉得很诧异，其中一位还面露不悦之色，王先生也很尴尬。

为什么门卫平时亲切的称呼，在这时却让几位香港客户感到诧异甚至不悦？门卫的称呼有何不妥？应该如何称呼？

合乎常规：关系处得很好—称"哥"也并不是十分妥当。

尊重对象：王先生也觉得这个称呼很亲切—考虑了对方的年龄。

区分场合：平时；陪同几位来自香港的客户一同进入公司—私人场合与公开场合没有区分。

称呼语要注意场合，情景中提供的场合是一个比较正式的场合，而且还有客户在场，用私下比较亲密的称呼是不合适的。门卫应该以王先生的职务称呼，才比较妥当。

◎ 资料卡片

称呼语的技巧

合乎常规：行政职务、技术职称、学术头衔、行业等。

尊重对象：年龄、职业、身份、语言习惯等。

区分场合：私人、公开等。

◆ 模拟训练实录（二）

一天，周恩来总理主持召开一次中外记者招待会。他介绍完中国经济和建设方面的成就后，记者们纷纷提问。有的西方记者对中国抱有偏见，提出来的问题让人很难回答。其中有一个记者问："请问中国人民银行有多少存款？"周总理不慌不忙地说："十八元八角八分。"全场都愕然了，大家不明白这是什么意思。周总理解释道："当前我国发行的人民币有拾元、伍元、贰元、壹元、伍角、贰角、壹角、伍分、贰分、壹分。它们加起来是十八元八角八分。中国人民银行的信用很好，币值稳定，在国际上享有盛誉。"

范例：该语段是周恩来总理应变语的典型代表。记者的提问是别有用心的，周总理敏锐地观察到对方的意图，即嘲笑中国是一个贫穷的国家。周总理用顺水推舟的方式，用人民币各种币值相加有力地给予了回击。

◎ 资料卡片

应变语的技巧

化被动为主动	顺水推舟
转移话题	张冠李戴
巧设悬念	

※ 任务实施

★ 拾趣

1. 选一选

（1）下列各项中，称呼语使用正确的一项是（　　）。

　　A. 今日亲聆诸位先贤的高论，真是茅塞顿开

　　B. 这是令尊拙作，请赐教

　　C. 舍弟好使性子，还望多包涵

　　D. 我家家教很严，令尊常告诫我到社会上要清清白白做人

（2）请从下列词语中选择一组敬辞和一组谦辞。

家父、令爱、犬子、足下、敝国、寡人、拙作、老朽、寒舍、贵姓

敬辞：_____

谦辞：_____

★ 入境

2. 议一议

观看宋小宝和袁姗姗表演的小品《日夜男女》，讨论一下，里面有哪些精彩的称呼语和应变语，用了什么技巧达到叫绝的效果的。

★ 下水

3. 情景模拟训练

情景：早上，李乐发现自己的钱包在教室里不见了，他的好朋友马小川告诉他，他到教室时只有苏俊在教室，肯定是他偷的。恰巧苏俊走到教室，听到了马小川的话，三人立

即吵了起来。这时学院赵书记走过教室……

请根据以上情景，在礼貌得体，维护班级荣誉的前提下，说说三人应该怎样应变。

李乐：_____

马小川：_____

苏俊：_____

→ 任务二　幽默语与委婉语

※ 情境导入

甄嬛：两位姐姐坐吧，岁寒大雪，禽鸟俱绝。虽不比春日热闹，可也别有一番味道。

曹贵人：的确如此。

甄嬛：姐姐以为如何？

富察贵人：菀嫔叫赏雪，嫔妾也只会看看罢了！

甄嬛：这话说的，像是妹妹勉强你了，其实咱们姐妹多见见，多说话也好，情谊深了，误会嫌隙自然也会没有了。

富察贵人：咱们都是皇上身边的人，哪里来的嫌隙呢？

甄嬛：这季节里，倒叫我想起冬日里的一个故事。

曹贵人：娘娘博学广识，嫔妾愿闻其详！

甄嬛：是人彘的故事，哪里还是博学广识呢？其实我也记不太清楚了，只记得汉高祖时，戚夫人得宠，冒犯吕后。后来吕后成了太后，就断了戚夫人手足、挖眼、削耳、饮哑药，关在厕中，称为"人彘"。

槿汐：那戚夫人可以一代美人啊，竟然沦落至此，实在是可惜了！

甄嬛：虽然吕后手段残酷，不过戚夫人妄想凭一时之势羞辱皇后，真是咎由自取了！亦可见身为女子，吕后记仇也是很深的！富察姐姐，你说是不是呢？快扶富察贵人坐好。是，快起来。

曹贵人：真是，这好好听故事，妹妹你这是怎么了？

甄嬛：怕是富察贵人姐姐，嫌我故事讲得不好。刚才我胡乱解释了一通，让姐姐反而听不明白了。

富察贵人：你讲人彘的故事用意何在？

甄嬛：年妃虽然跋扈不断，可是有一点我却很佩服，便是杀伐决断，毫不留情。当年有人不过得罪了年妃一句，便被迁居别宫。若是年妃在长街受人欺凌，不知会如何报复呢？

这段台词是连续剧《甄嬛传》中的，同学们看一下，可看出语段中的精妙之处？（也可以让同学们观看视频《甄嬛传》第35集，这样情景会更生动。）

※ 任务要求

· 能够了解幽默语的作用和语言技巧；

- 能够了解委婉语的性质、分类和语言技巧；
- 能够灵活运用幽默语和委婉语的语言技巧。

※ 知识准备

一、幽默语

（一）幽默语的作用

从口才的角度来说，幽默是一种语言能力，是人与人的交际中用语言再现生活中喜剧性特征和现象的一种表达能力。幽默语是一个人思想、学识、阅历、经验和智慧在语言运用上的结晶，有着其他语言所不具备的巨大的魅力。

1. 幽默语可以促进身心健康

人生在世，不如意事常有八九。当你事业遇到阻力时，幽默语可以给你带来良好的心态，让你释怀；当你情感遭到挫折时，幽默语可以是有效润滑剂，助你一笑泯恩仇；当你健康欠佳时，幽默语可以是最佳的"开心药"，让你病痛全消，心情开朗。

2. 幽默语可以和谐人际关系

幽默语可以很快地拉近人与人之间的距离，填平人与人之间的鸿沟，从而快速地建立良好的人际关系。幽默语还能及时缓解人际交往中的紧张尴尬，甚至可以消弭一场战火。

3. 幽默语可以提升个人魅力

幽默语是一种智慧语言，它可以彰显你风趣乐观的气质，让你散发出炫目的亲和力，它是一个人的文化素养和语言表达能力的标志，会让你形成自己独特的个人魅力。

（二）幽默语的语言技巧

幽默语是一种机智诙谐的语言，它的语言技巧有很多，常用的方法有以下几种。

1. 巧妙的词语运用

词语是语句最重要的组成部分，我们可以使用一些谐音或仿套词语来制造幽默。比如："我成绩不好的时候，我爸爸会同室操戈，心狠手辣地揍得我五体投地，妈妈在一旁却袖手旁观，从不见义勇为。"

我们还可以调整词语的顺序来制造幽默。比如，老师在上课，看到一个学生伏在课桌上睡着了，很生气地说："你怎么一摸到书，就睡着了。"学生答道："不，老师，我是睡着了还摸着书呢！"

我们还可以利用词语间的连贯和停顿来制造幽默。如一个秀才捉弄财主，设计了一段"吉利话"送给他："养猪大如山，老鼠只只死，酿酒坛坛好，做醋缸缸酸"，利用停顿巧变为"养猪大如山老鼠，只只死；酿酒坛坛好做醋，缸缸酸"，就是用每一句话之间的停顿制造了幽默。

2. 多变的修辞手法

幽默语可以使用夸张、比喻、双关等修辞手法来达到意想不到的诙谐效果。比如，小许出院时，他高兴地向医生告别："再见，医生！"小许的奶奶听了很生气："再见？你还要来医院啊？"小许就马上改口道："那……医生，永别了！"再比如，有一次，大文学家林语堂和一些社会名流应邀到某大学演讲，轮到林语堂发言时已经是中午 11 点半了，他上台只说了一句话："绅士的演说应该像女人穿的迷你裙，越短越好。"话一出口，人们用热烈的掌声拥戴这位幽默大师。

3. 创新的逻辑思维

在人际交往中，我们可以用新奇的思维模式或者打破惯有的固定的思维模式等来制造幽默。比如，售货员说："先生，买双皮鞋吧！它的寿命将和您一样长。"顾客："我可不相信我会死得这么快！"再比如，父亲："你小子真没出息，我在你这么大的时候，可没有撒过这样大的谎。"儿子："那么，爸爸，您是从什么时候开始撒这么大的谎的呢？"

4. 可靠的技巧运用

幽默语的技巧有很多，这里就举几个例子。

（1）隐晦曲说：是指对事物表达自己的看法，不是通过直说，而是用一种隐晦的方式来表达，从而达到幽默的效果。比如，一位先生到一家西餐厅用餐，他把餐巾围在了脖子上。这种行为在西餐礼仪上是不允许的，于是服务小姐亲切地轻声问道："先生，你是理发，还是刮脸？"

（2）巧卖关子：是指在最关键的地方突然停止，借此吸引别人迫切地听下去。比如，一位年过半百的贵妇问萧伯纳："您看我有多大年纪？"萧伯纳说道："看您晶莹的牙齿，像18岁；看您蓬松的卷发，有19岁；看您扭捏的腰肢，顶多14岁。"贵妇很高兴："那您能否正确地说出我的年龄呢？""请把我刚才说出的三个数字加起来吧！"

（3）反戈一击：是一种有攻击性的，抓住对方话语中的某一点顺势一击的幽默手法。比如，一个吝啬的老爷打发仆人去买酒，却不给钱："花钱买酒谁不会？不花钱买到才算本事！"仆人一声不吭地走了，过了一会儿，他就拿着酒壶回来了，刻薄老爷倒了半天也没有酒，非常生气，仆人此时回道："老爷，酒壶里面有酒谁不会喝？要是从空酒壶里喝出酒来才算本事！"

二、委婉语

委婉语是人际交往中人们为了达到一种理想的交际效果而创造出来的一种语言表达形式，即用好听的，使人感到心情愉快的说法或无刺激性的词语来代替那些令人不悦或不敬的表达方法。委婉语的形式可以根据语言的特点分为讳饰式、借用式和曲语式三种类型。

讳饰式委婉语是指用委婉的词语来表示不便直说或使人感到难堪内容的方法。比如恩格斯在马克思逝世后，用"睡着了"、"停止思想了"、"永远的睡着了"这次词语委婉的表示这个令人悲痛的事实。

借用式委婉语是指借用一事物或其他事物的特征来代替对事物实质性回答的方法。比如，在纽约国际笔会第48届年会上，有人问中国代表陆文夫："陆先生，你对性文学怎么看？"陆文夫说："西方朋友接受一盒礼品时，往往当着别人的面打开来看。中国人恰恰相反，一般都要等客人离开以后才打开盒子。"陆文夫用一个生动的借喻，对一个敏感棘手的难题委婉地表明了自己的观点——中西文化差异也体现在文学作品的民族性上。陆文夫实际上是对问者一种委婉的拒绝，不使问者感到难堪，也便于交往继续进行下去。

曲语式委婉语是指用曲折含蓄的语言、商洽的语气表达自己看法的方法。比如，1937年冬，刚从济南到武汉的老舍先生在冯玉祥将军的图书楼写作，可冯将军刚从德国回来的二女儿却与人在二楼跺脚取暖，打扰了老舍先生的构思。吃午饭时老舍笑着对冯家二小姐说:"弗伐,整整一个上午,你在楼上教倩卿学什么舞啊?一定是从德国学来的新滑稽舞吧?"一句话引得大家一阵大笑,二楼从此变得静悄悄了。老舍先生在谈笑间委婉地告诉对方在图书楼应该遵守的礼仪规则。

委婉语在日常交际中的运用有如下几个技巧:

1. 巧用修辞

委婉语在运用中有一部分是依靠词语的委婉来达到暗示或启示的效果的。我们可以充分运用比喻、双关、借代、反语等修辞手法来委婉地表达自己的意思。比如,鲁迅在《春末闲谈》中写道:"现在又似乎有些别开生面了,世上诞生了一种所谓'特殊知识阶级'的留学生,在研究室中研究之结果,说医学不发达是有益于人种改良的,中国妇女的境遇是极其平等的,一切道理都已不错,一切状态都已够好。"用反语的修辞手法,说:"中国妇女的境遇是极其平等的,一切道理都已不错,一切状态都已够好。"讽刺了统治阶级精神控制术的虚伪本质。

2. 内容留白

在委婉语的运用中,我们可以故意对语言内容进行删减,用留白来表达未尽的语意,达到委婉的效果,也就是我们常说的"弦外之意"。比如,小林最近做生意,手头有点紧,他想向自己的好朋友小江借点钱周转一下,又觉得不太好意思,于是,就说:"现在的生意是越来越不好做了,最近又有一笔款子没有收回来,真不知道下一笔生意该不该接了。"这一段话,字面上的意思是生意不好做,没有钱接下一笔生意,不知如何是好。而实际上,这段话包含的意思很丰富,留给对方很多空间去想,言下之意是由于一笔款没有能够及时收回,手上资金链比较紧张,下一笔生意不好开展,即有借钱的请求包含在内。如果小江是真朋友,自然明白其中留白的含义,如若不是,也不至于因为借不到钱或不想借钱而使双方陷入尴尬的境地。

3. 反语会话

反语会话是指用一种正面的语言方式表达一种反面意思的委婉语的方式。这种会话使用时一定要注意语言环境,否则就达不到想要的委婉的效果。比如,老师早上去教室检查早自修,发现很多同学都在抄作业,老师很生气,却说:"大家都在忙呢?抄吧,别抄错了。"这时,班级里的同学都很羞愧地停下了手中的笔,慌忙地低下头,大气都不敢出。这个语段就是运用了反语会话的委婉方式来批评同学们的抄袭行为。

4. 迂回转移

当我们面对不想回答或不易回答但却不得不回答的问题时,我们可以采用迂回转移的方式来达到委婉回答或拒绝的效果。比如,男孩鼓足勇气问女孩:"你愿不愿意和我交往?"女孩微笑着说:"真希望有个你这样的哥哥。"用一个看似不相关却实质与主题相关的回答委婉地拒绝了男孩的请求。

总之,委婉语在日常生活的人际交往中运用的很多,小到一个词语,大到一个决策,处处可以见到它的身影。有时它是含蓄的赞美,有时它是诚恳的请求,有时它是有力地回击,有时它也是曲折的回避,有时它是大度的宽容,有时它也是隐晦的批评。我们要用我们的智慧去运用它,用我们的语言去武装它,那么,它会是我们人际交往中的一种利器。

◆ 语言训练实录（一）

阿凡提决定惩罚贪婪的巴依老爷。他为巴依剃完头，问道："您的眉毛要吗？""当然要！"阿凡提剃下了眉毛递给了巴依，巴依生气极了。阿凡提笑着说："这可是您自己说要的！巴依老爷，那么您的胡子还要吗？""不要不要！"阿凡提剃下了胡子扔到了地上。巴依气极了。阿凡提笑着说："是您自己说不要的啊！"巴依变成光光的鸡蛋，丑得出不了门。

这一则幽默故事中，阿凡提先生用哪些幽默技巧来达到啼笑皆非的效果的呢？
巧妙的词语运用：<u>"要"与"不要"含义的不同。</u>
多变的修辞手法：<u>无。</u>
创新的逻辑思维：<u>打破惯有的固定思维模式对"要"和"不要"重新诠释。</u>
可靠的技巧运用：<u>无。</u>

> ◎ 资料卡片
>
> ### 幽默语的技巧
>
> 巧妙的词语运用
> 多变的修辞手法
> 创新的逻辑思维
> 可靠的技巧运用 —— 隐晦曲说、巧卖关子、反戈一击

◆ 语言训练实录（二）

有一个男孩子看到同桌的钢笔很漂亮，于是，就偷偷拿了放在自己的书包里。老师发现后，没有疾言厉色地去批评他，而是去买了一支新的钢笔，送给了这位同学，并说道："我知道你很喜欢钢笔，这支钢笔就送给你。我也知道别人的东西你也不喜欢，所以，特意买了作为礼物送给你，希望你喜欢。"第二天，这个男孩子就把原先的那支钢笔还给了他的同桌。

该语段中的老师用一种委婉中的反语会话的方式告知这个男孩他已经知道了事情的始末，并暗示他将钢笔还回去。这样既保留了这个孩子的自尊，又达到了教育孩子的目的。

> ◎ 资料卡片
>
> ### 委婉语的技巧
>
> 巧用修辞　　　内容留白
> 反语会话　　　迂回转移

※ 任务实施

★ 拾趣

1. 笑一笑

请仔细聆听下面几则材料，说说它们妙在何处。

（1）一次，大学者胡适的夫人坦言社会上的"大男人主义"，胡适听了摇摇头说："也不全是，当男人也有'三从四德（得）'……"胡夫人："哦，哪'三从'？"胡适："太太出门要跟从，太太命令要服从，太太说错了要盲从。"胡夫人："'四德'呢？"胡适："太太化妆要等得，太太生日要记得，太太打骂要忍得，太太花钱要舍得……"

（2）俄国著名的丑角演员杜罗夫，在一次演出幕间休息的时候，一个很傲慢的观众走到他身边，讥讽地问道："丑角先生，观众对你非常欢迎吧？要想在马戏班中受到欢迎，丑角是不是就必须具有一张愚蠢而又丑陋的脸呢？""确实如此！"杜罗夫回答说，"如果我能长一张像先生您那样的脸的话，我准能拿到双薪。"

（3）萧伯纳的剧本《武器与人》首演获得成功，许多观众在剧终时要求他上台与大家见见面，可是，当萧伯纳走上舞台时，有一个人大声嚷道："萧伯纳，你的剧本糟透了，谁也不要看，收回去吧，停演吧！"听到如此无礼的叫嚷，萧伯纳没有发怒，相反，他向那人深深地鞠了一躬，彬彬有礼地说："我的朋友，你说得好，我完全同意你的意见，遗憾的是，以我们两个人反对这么多观众有什么用呢？我们能禁止这个剧本上演吗？"

（4）加里宁是俄国布尔什维克一位杰出的宣传鼓动家。一次，他向某地农民代表讲解工农联盟的重要性。尽管他作了详尽严谨的论证，但听众似茫然不得要领。有人问："什么对苏维埃政权来说更珍贵？是工人还是农民？……"加里宁乘机反问："那么对一个人来说，什么更珍贵，是右脚还是左脚？"全场静默片刻，突然爆发雷鸣般的掌声，农民代表们都笑了。

★ 入境

2. 找一找

请同学们欣赏贾玲和陈赫表演的小品《你好，李焕英》视频，说说这个小品哪些语言片段很幽默或很委婉。

★ 下水

3. 想一想

（1）有一次，吟霜同学自告奋勇上台给同学们做新闻播报，结果在播报过程中因为方言的原因把"剧院"说成了"妓院"，台下哄堂大笑，如果你是吟霜同学，你要如何缓解这样的一个尴尬场面呢？

（2）小江在一家外资企业打工，在较短的时间内，连续两次提出合理的建议，使生产成本分别下降30%和20%。老板非常高兴，对他说："小伙子，好好干，我不会亏待你的。"小江当然知道这句话可能意义重大，也可以不值一文，他想老板给点实在的。请你想想，小江怎样回答才能如愿以偿呢？

→ ## 任务三　赞美语与批评语

※ 情境导入

　　江南商学院财务管理专业会计班的马小川同学在数学课上玩手机，被孙老师当场没收了手机。

　　孙老师批评道：这是你第几次课上玩手机了？你知不知道上课应该遵守的纪律？你来上学的还是来疗养的？你就是这样来回报你父母和老师的？你在学校不好好学习，长大了也一定不会好好工作，那你以后还有什么出息？我真替你父母伤心！

　　马小川听完老师的批评，心里很不高兴。虽然他也明白老师是为了他好，可是，总是不能很心平气和地接受老师的批评。

　　如果你是孙老师，你会怎样批评教育马小川？让马小川能接受你的劝告，遵守纪律，认真学习呢？

※ 任务要求

- 能够了解赞美语的特征、基本要求及语言技巧；
- 能够了解批评语的性质、特点以及语言技巧；
- 能够灵活运用赞美语和批评语。

※ 知识准备

一、赞美语

（一）赞美语的特征和基本原则

　　赞美是指在人际交往中，一方给予另一方的称赞和表扬，它侧重于对别人某一方面价值的肯定和褒奖。马克·吐温说："靠一句美话的赞扬我们能活上两个月。"在日常交往中，我们要善于发现别人身上的闪光点，恰到好处地去赞美别人，这样可以提高和润滑你的人际关系，让你成为一个受人欢迎的人。

　　赞美要遵循以下几个基本原则。

1. 自然真诚

　　自然真诚主要体现在"实""纯""诚"三个方面。"实"即真实，"纯"即动机纯洁，"诚"即诚恳。赞美别人就要发自肺腑，出自内心，任何虚假的、流于表面的赞美只会让人不屑一顾，心生厌烦。比如，你碰见一位身材微胖的女性朋友，见面就夸道："您身材真苗条。"就不如说："您今天的这身衣服选得真有眼光，身材看上去真不错啊！"后者的赞美更实在、恳切，让人听了很舒服。

2. 实事求是

实事求是指赞美应该建立在客观事实的基础上，这样的赞美才让人心服口服，否则，必定会引起不必要的误会，别人会认为你在讽刺挖苦他。比如，现在有很多人看到女性就赞其为"美女"，这其实是不恰当的，如果你遇见的女性长得不美，且很有自知之明，那么，你的赞美不仅不能博得对方的欢喜，反而会起到相反的作用，认为你溜须拍马，别有所图。

3. 措辞得当

措辞得当是指在实事求是的基础上，赞美的措辞也要有分寸，切不可大而无当，因为大而无当的赞美会违背事实。比如，你赞美一个孩子，可以说："你是个好孩子，又听话，又懂事，又聪明，又机灵，将来一定会有出息的。"这样的赞美就很有分寸。如果你说："这个孩子绝顶聪明，智慧过人，是个天才，世上无人能比，将来一定能成一代伟人。"这样的赞美很显然是太过头了。所以，恰如其分、点到为止的赞美才是真正的赞美，赞美之词不能滥用，一旦过头，赞美就变成了吹捧，古人说得好，过犹不及。

（二）赞美语的基本要求

1. 赞美要及时

赞美是有时间效应的，一般应该在一件事情顺利完成后就及时给予赞美，这时候的赞美是最有效的，如果拖延数周，时过境迁，这迟到的赞美也就失去了原有的味道，不会让人感到兴奋与激动了。

2. 赞美要具体

赞美一个人，赞美他的行为或贡献要比赞美他本人好得多，因为就事论事，哪件事做得好，什么地方值得赞美，更具体实在，见微知著。这样的赞美更容易让对方觉得你的赞美是出自内心的，必然也会欣然接受。

3. 赞美要单纯

赞美要单纯，不能将赞美当作总结，先赞美，然后用一系列的转折词进行"全面"、"辩证"的评价，这有可能使原有的赞美失去了作用。

（三）赞美语的语言技巧

1. 抓住特色

"生活中不缺少美，是缺少发现美的眼睛"，要恰到好处地运用赞美语，就需要有一双发现美的眼睛。我们可以从对方引以为豪的地方、对方的闪光点、对方的细节处三个方面去发现美。

每个人总是会有自己引以为豪的地方，有的人以自己的长相为豪，有的人以自己的家庭为豪，有的人以自己的孩子为豪，有的人以自己的事业……我们可以仔细观察，找到对方的自豪点进行赞美，这样的赞美才是最有效的、最有的放矢的。

每个人总有自己的优点，即使最普通平凡的人也绝不是"一无是处"，我们要"沙里淘金"、"慧眼识珠"，不要总是用老眼光去看人，要懂得变换视角去挖掘、体察别人的闪光之处并抓住这一点去赞美。

"细节决定成败"，我们在赞美别人时不能只关注事情的结果，只对成功大加赞赏，还要关注其行为细节。往往一个人的成功和他对事情的细节处理是分不开的，他在细节上投入了很多的心思和精力，自然也就渴望这份努力能够得到别人的赞美和赏识。我们在人际交往中要善于发现细微处的用意，不失时机地赞美对方的良苦用心，将会使你的赞美收到意想不到的效果。

2. 因人而异

赞美要根据对象的不同采用不同的赞美内容和方式，赞美的效果才会更好。在女性面前，我们可以多赞美她的美貌、衣着、气质；在男人面前，我们要多赞美他的才华、事业、气度；在孩子的家人面前，我们要多赞美孩子的可爱、聪慧；在老人面前，我们要多赞美他的精神矍铄；在商人面前，我们多赞美他的生财之道；在学者面前，我们多赞美他的学识渊博；在官员面前，我们多赞美他的廉洁自律、劳苦功高。对晚辈、下属，我们可以采用直接赞美；对长辈、上级或者同辈，我们可以多采用间接赞美。

3. 合乎时宜

赞美要相机行事、适可而止，要根据时间和地点的不同，灵活地运用赞美语。当别人计划做一件有意义的事时，开头的赞扬能激励他下决心做出成绩，中间的赞扬有益于对方再接再厉，结尾的赞扬则可以肯定成绩，指出进一步的努力方向，从而达到"赞扬一个，激励一批"的效果。在群体面前赞美，要笼统、抽象一点；在应酬场合赞美，要抓住共性，锦上添花；在私人场合，要直接、真实。在别人春风得意时，我们的赞美要有特色和个性，在别人身处逆境时，我们的赞美要及时、真诚。

4. 角度灵活

赞美的角度要灵活，不能一成不变。我们可以直接真诚地对别人进行赞美，也可以通过第三者进行间接赞美。间接赞美在实际应用中能收到很好的效果，它既能避开可能用词不当引起的"拍马屁"的误会，又能增加溢美之词的赞赏效果。我们可以通过比较的方式对别人进行赞美，从时间的跨度上关注对方的变化，进行前后比较，抓住这点进行赞美会显得格外具体，也可以通过与自己的比较进行赞美，压低自己去赞美，会显得格外真诚。

二、批评语

（一）批评语的性质

在人际交往中，批评语是一种常见的语言表达形式。从广义上讲，对缺点和错误提出的意见均为批评语，由此可见，批评的目的是为了帮助别人，是善意的，而非恶意的。而在人性的弱点中，很突出的一点就是本能排斥批评，这就要求我们在运用批评语时要格外地注意分寸，否则，就会适得其反，不仅不能帮助别人，反而会惹人讨厌甚至害了别人。

（二）批评语的特点

1. 准确性

批评语在运用过程中必须要准确、公正。首先，批评要有据，批评对方的缺点或错误时一定要有根有据，就事论事，切不可以偏概全，妄下定论；其次，批评要有情，人的心理是最排斥批评的，人非草木，孰能无情，批评要动之以情，晓之以理，先用真诚去打动对方，才能疏通道理，这样的批评语才是善意的，才能真正去帮助别人；最后，批评要有理，批评语要有说服力，就必须有理，批评语的效果并不是靠嗓门大或者声势大，而是要循循善诱，以理服人。

2. 分寸性

批评语要注意分寸，批评语的用词不同，说法不同，所表达意思的轻重也会不一样，由此而产生的效果也大有差别。有些人总是抱着"良药苦口利于病，忠言逆耳利于行"的信条，不去注意批评语的分寸，因为他们认为，只要是善意的批评，就不必讲究什么分寸。殊不知分寸不对，批评语就会适得其反。所以，有分寸的批评语要尊重对方的人格和尊严，不能总是在批评中还去翻旧账，更不能批评起来无休无止，吹毛求疵。

3. 亲切性

批评语的目的是为了帮助他人，所以，好的批评语听起来一定是亲切的，要注意语言方式，要根据场合气氛，掌握对方的心理，揣摩他人的心思，来挑选最合适的字眼，同时还要注意语气、语调和语感，从而消减对方的怨恨或不满，从而达到批评语的效果。

4. 激励性

不管是直白的批评语还是委婉的批评语，批评语要具有激励性，既要让对方比较心平气和地接受自己的批评，同时又要使对方认识到自己的缺点或错误，批评语中还可以加入恰当的意见，让对方可听取采纳接受，激励对方在了解自己的弱点的前提下，接受自己善意的意见，从而，使对方获得进步。

（三）批评语的语用原则

1. 适量原则

批评语所提供的语言信息量，不能多也不宜少，"辞达而已矣"。人一旦认识到自己有了缺点或者犯了错误，一般会产生内疚感，批评时，为了避免对方陷入窘境或者是产生反感，批评语要简洁适度，点到为止，不可反复重申，喋喋不休。

2. 情感原则

批评语是指出对方的缺点或错误的语言表达形式，它本身就违反了人与人交往的和谐原则。所以，在批评时，应该对事不对人，切记抓住对方的弱点对其进行人身攻击，同时，也可以在批评中反躬自省，为对方开脱一些责任，然后再提出自己的意见，分析原因，说明危害，以情感染对方，从而收到一种意想不到的效果。

3. 入境原则

批评语所选择的语言表达方式要适合不同的交际对象、交际场合、人际关系以及人的心理特点。它要求表达得体、注意分寸、把握时机。要尽量避免第三者在场，避开公共场合，所用的语言要注意对方的身份、年龄、地位甚至性格等因素，适合才是最好的。

4. 应变原则

语言是灵活多变的，批评语也要在具体的使用过程中根据现实情况的变化而相应地变化，才能更好地发挥它在人际交往过程中的特殊作用。

（四）批评语的语言技巧

根据批评语的特点和用语原则，下列几种常用的技巧，有助于达到良好的批评效果。

1. 先赞后贬法

先赞美对方的优点，以营造一个良好的心理氛围，一方面可以削弱批评本身让人难以接受的程度，另一方面也使被批评者不会产生逆反心理。

2. 暗示委婉法

被批评者当面被指出不足之处，难免会心中不快，甚至产生强烈的反抗，用暗示的方法指出对方的缺点或错误，既保全了对方的颜面，同时也让对方认识到自己的不足之处，并去改正错误，从而达到良好的批评效果。

3. 先己后人法

在批评他人之前先谈谈自己身上存在的缺点或者以前犯过的类似的错误，一方面可以为对方提供一个现实的例子，让他从这个例子中认识到这种错误的严重后果，另一方面也可以降低一点对方内心的自责感和排斥感，带给对方一定程度的认同感，拉近彼此之间的心理距离，营造一个心胸开阔的批评氛围，从而使对方更容易接受。

4. 提问引导法

批评语不是一定要用肯定的陈述句去列出对方的缺点或错误，还可以用提问的方式，用疑问的语气引导对方发现自己身上的缺点或已经犯下的错误，这样，可以让对方更容易接受批评。

5. 鼓励建议法

一般的批评，只会把重点放在对方的"错误"上，并不指明对方应该如何去纠正，因而收不到积极的效果。我们在批评时可以同时提出我们的建设性意见或是对原因的分析结果，让对方认识错误的同时，也发现自己的优势，增加改正错误的信心，同时，也可以提出自己的建议，以供对方参考。

6. 幽默留白法

批评往往让人不快，幽默却能带给人欢笑，我们可以将两者结合起来，用幽默的语言来达到批评的效果。我们也可以不用把批评的话讲得过于完整，可以留有一定的空间，让被批评者自己去发现问题，这种方式更能让对方接受。

7. 一针见血法

批评语固然要注意对方的心理情绪，照顾对方的尊严，但是，对于一些特殊情况，比如屡教不改、听而不闻、破罐破摔等，我们也可以一针见血地指出对方的缺点或错误。

◆ 语段训练实录（一）

春节期间，乡下的大伯带着孙子奇奇到城里小张家做客。奇奇性格内向，不爱说话，时刻跟在大伯身边，和小张家的莉莉在一起时，一个显得聪明伶俐，一个显得呆头呆脑。这天晚饭过后，忽然听到孩子的哭声，两人跑去看，原来奇奇从楼梯半截处摔了下来，膝盖都破了，却忍着没哭，倒是一旁的莉莉吓哭了。小王拍着奇奇的肩膀说："农村的孩子就是生得结实，经得起摔打，跌的这么重也不哭，连句疼也不喊。这孩子将来肯定有出息，到了社会上能闯荡。你再看我这个女儿，一根毫毛没动，光吓就哭了。"一席话说得大伯心里舒服极了。

这个故事中的小张，是一个赞美高手。他是怎样借助一次跌跤事件对两个孩子作出重新评价的呢？

抓住特色：身体结实、意志坚强。

因人而异：孩子将来肯定有出息，到了社会上能闯荡。

合乎时宜：从楼梯半截处摔了下来，膝盖都破了。

角度灵活：比较的方式—跌的这么重也不哭，连句疼也不喊；一根毫毛没动，光吓就哭了。

这个范例中的小张从"身体"和"意志"的角度对奇奇表示由衷的赞叹，使大伯突破了表面现象看到了自己孩子的可贵之处，不但心里舒服了，更重要的是看到了孩子的希望，使孩子向更高的目标成长。

◎ **资料卡片**

赞美语的技巧
抓住特色：优点、特长、细节、过程等。
因人而异：年龄、身份等。
合乎时宜：注意地点、时间。
角度灵活：间接、比较。

※ 任务实施

★ 拾趣

1. 说一说

下面的语段都采用了哪些语言技巧？

陶行知先生在做校长时，一天，在校园里看到一名男生正想用砖头砸另一个同学。陶行知及时制止，同时令这个学生去自己的办公室。在外了解情况后他回到办公室，发现那名男生正在等他，便掏出第一颗糖递给他："这是奖励你的，因为你很准时，比我先到了。"接着又掏出第二颗糖："这也是奖励你的，我不让你打人，你立刻就住手，说明你很尊重我。"该男生将信将疑地接过糖。陶行知又掏出第三颗："据了解，你打同学是因为他欺负女生，说明你有正义感。"这时那名男生已经泣不成声了："校长，我错了。不管怎么说，我用砖头打人是不对的。"陶校长这时掏出第四颗糖："你已经认错，我们的谈话也结束了。"

答：_____

★ 入境

2. 写一写

在我们的成长过程中，我们接收了很多来自家长、朋友、老师、亲人等对我们的赞美和批评。这些话语有时如春风拂面，有时如骤雨疾来，有时让我们心悦诚服，有时却让我们心生怨怼。请你结合自己的亲身经历，写一段自己印象最深刻的赞美语和批评语。

★ 下水

3. 试一试

（1）今天是你的生日，可是你的好朋友们好像都忘记了这个有意义的日子。晚上，你独自回宿舍，发现他们已经布置好了，鲜花、蜡烛、蛋糕、礼物、音乐等，你感动极了，请用一些赞美语来表达一下你对朋友们的感激吧！

（2）你的好朋友最近迷上了玩《王者荣耀》，结果期中考试成绩很不理想。但他依然对游戏念念不忘。作为他最好的朋友，你准备严肃地批评一下他，请问你准备怎样去说呢？

→ 综合自测　吐槽大会

※ 情境导入

江南商学院财务管理专业会计班要展开一次批评与自我批评的主题班会，班长准备模拟综艺节目《吐槽大会》的形式，拉开同学们之间的一场吐槽与被吐槽的幽默大会。让我们脑洞大开，舌灿莲花吧！

※ 活动要求

· 根据同学们的生活和学习情况，收集熟悉同学平时的言行点滴，构成充实、有条理的吐槽内容，同时也根据自己的言行形成自我吐槽的内容。
· 通过吐槽内容，让同学们能够灵活运用称呼语、应变语、幽默语、委婉语、赞美语、和批评语。
· 通过自己设计语言形式，分组展开吐槽与被吐槽活动。

※ 活动描述

一、活动目标

1. 设计目标：巧妙地收集自己和同学们平时生活和学习中的点滴事件，用相应的语言技巧展开批评与自我批评。

2. 模拟目标：将自己设计的语言片段用表演的形式模拟出来，锻炼同学们灵活的口语表达能力。

二、活动进行

1. 内容设计

自我吐槽事件：＿＿＿＿＿＿＿＿＿＿＿＿＿＿＿＿＿＿＿＿＿＿＿＿＿

吐槽队友事件：＿＿＿＿＿＿＿＿＿＿＿＿＿＿＿＿＿＿＿＿＿＿＿＿＿

这一部分是文本内容，由每个小组各个成员自己独立完成，并保持一定的隐秘。同时，也要关注一下自己的平时行为举止，做好应变的准备。

范例：

吐槽大会（贾玲片段）

自我吐槽内容：身材、拍戏、节目收视率

吐槽队友事件：史航——爱脱稿

池子——脱口秀

王自健——收视率

2. 设计吐槽语言

批评语：

委婉语：

幽默语：

……

这一部分是学生将收集的自己和小组成员的吐槽事件，根据本项目学习掌握的语言技巧形成语言片段，配合前面章节的态势语，构成风趣幽默的舞台效果。

范例：

吐槽大会（贾玲片段）

语言片段：

赞美语：我胖是因为我压力大，太多好看的节目，太多的邀约，太多观众喜欢，压力太大。

批评语：著名编剧史航老师，有爱拖稿的小习惯。三年后作品才新鲜出炉，对方公司说："我们已经倒闭了。"

幽默语：王自健的节目还在？收视率那么低了！该停就停吧！王自健说自己瘦了30多斤，如果我的节目像你的收视率这么低，我都瘦成池子那样了。

3. 实战演练

同学们按照八人一个小组，每个小组成员逐个上场，吐槽他人，同时，赞美自己。表演的过程中，不仅要关注自己已经准备好的充满语言技巧的片段，同时也要注意自己的表达方式，用充满魅力的态势语给自己的语言片段加分添彩。

三、活动评价估量表

项 目 分 类	测 评 项 目	得　分
吐槽语言	1. 能结合生活实际，收集相应的事件。	10分
	2. 事件的选择要有针对性，扣紧批评与自我批评的主题。	10分
	3. 会话主体内容要包括本项目的所有训练目标。	20分

项 目 分 类	测 评 项 目	得 分
语言表达	4. 小组成员都要参与其中。	10分
	5. 人物对话的设计要符合收集的事件，语言片段要包括称呼语、赞美语、幽默语、应变语、委婉语和批评语。	30分
	6. 语言片段的表达时要有一定的态势语辅助。	20分
表演效果	7. 角色扮演自然、到位。	10分
	8. 口语表达流畅。	10分
	9. 表情动作符合人物性格。	10分
得 分		
评 语		

使用要则：该测验表用百分等级来解释测验得分。

模块四　——一鸣惊人

※ 项目引领

日常生活中有许多场合需要我们当众讲话，比如为来宾介绍你的学校，为婚宴或寿宴献上祝词，参加演讲或辩论比赛，而上课回答提问、班会课上的发言等更是最常见的形式。许多同学担心自己表现不佳而遭遇尴尬的场面，担心听众的反应不够积极而冷场，担心材料不够充分而草草了事……这一模块将告诉你如何冲破恐惧的屏障，做到一鸣惊人。

※ 项目目标

1．能够流畅自然准确地介绍人物和情景，思路清晰、重点突出、语言精炼。

2．能够用言简意明的语言解释说明某一事物或现象，把事物的形状、性质、特征、成因、关系、功能等说清楚。

3．掌握演讲的程序与规范，合理设计演讲内容，提升当众演讲的能力。

4．掌握主持的一般技能，能够根据活动流程说出精彩的主持词。

→ 任务一 介绍

※ 情境导入

"同学们，为确保本次校园文化艺术节活动顺利举办，我们将邀请艺术设计系学生会主席孙露同学来我们系共同商议合作事宜。我和孙露是初中同学，也是多年的好友，她爱好运动，自带一身文艺细胞，到哪里都能活跃气氛；她拥有层出不穷的新想法和巨大的热情，能力非凡却很好相处。初中时她是我们班班长，当年我们班在她的带领下获得了市先进集体的荣誉。希望她的到来能为我们两系学生会合作举办活动带来新的思路，也希望我们两系学生会能相互配合，共同完成这项任务。"

江南商学院将举办校园文化艺术节活动，财务管理系学生会主席林静打算邀请艺术设计系学生会主席孙露前来共同商议合作事项，以上是林静在学生会例会上把孙露介绍给学生会成员们，并说明了合作意图。

※ 任务要求

· 了解介绍的性质和特点；
· 能够根据要求进行人物介绍。

※ 知识准备

一、介绍的性质和作用

在日常生活中，我们所谓的介绍是指双方经沟通后相识或发生联系的话语，它也适用于引入推荐某些新事物，使人们了解新环境的过程。简而言之，介绍就是让人们了解或熟悉事物特点，说明"这是什么"的一种应用广泛、实用性强的口头表达方式。介绍的内容是多种多样的，本单元主要选择与职业学校学生密切相关的内容——人物介绍，来进行讨论和训练。

人物介绍是指把自己的情况向别人说明，把不相识人的情况彼此说明。合理的自我介绍是迅速融入新环境的法宝，有效的介绍是人际交往的黏合剂，使陌生的双方拉近了彼此的距离；简洁的代述介绍是一把打开交际之门的钥匙，让自我不便于述说的优点、功绩被更多的人所认识。

二、介绍的基本要求

（一）了解对象

介绍要求我们必须明确被说明事物的中心与要点，深入地了解和熟悉说明的对象，只有做到"胸有成竹"才能"从容应对"。如我们在介绍人物时，首先要了解他的基本情况，如姓名、年龄、身份、工作情况等，然后还要熟悉他的爱好特长、性格特征等。介绍商品时不但要知道商品的名称、价格、式样、性能，更要懂得一些维修保养的知识，或对品牌的背景故事做一些，这样才能深入人心。而在介绍环境时，在将自然环境的空间布局讲解到位的基础上，如果能穿插进一些历史背景、人文轶事的讲解，那将会使你的介绍更为动人。

（二）突出重点

需要讲解的东西往往很多，口头表达时切不可面面俱到，应根据介绍的目的、听众的心理、介绍环境的具体情况，对讲解内容进行取舍，做到重点突出，主次分明。如在求知面试时进行自我介绍，我们介绍的重点应该放在工作经验、工作能力和工作态度上，让用人单位觉得你可以任用，而在向朋友进行介绍时则应该突出你的诚信可靠，让朋友觉得你是个值得信赖的人。介绍商品时要充分考虑到顾客的兴趣，选择迎合消费者心理的内容来讲。

（三）条理清晰

有时介绍作为口语表达，往往是在无准备的情况下进行的，这就需要我们迅速组织语言，合理安排内容，使我们的介绍言之有序、重点突出。如介绍学校时可以以时间为序，讲解其历史沿革、今昔变迁和未来走向，而介绍校园建筑布局时则应以空间为序，对建筑的作用、如此安排的效果逐一作出解说。

（四）如实反映

"诚信"是人际交往的第一要义，介绍时要尊重事实，内容客观、真实，表达切忌夸夸其谈或含糊其辞，应付搪塞，更不能虚构杜撰，无中生有。一个人是否值得交往，主要看他是否能以诚待人；一个品牌能否久存于世，质量决定一切。介绍和解说时都应当如实反映情况，夸张和虚构的表达只会失去别人的信任，无法实现预计的目标。

（五）通俗浅显

由于介绍的对象多是非专业人员，为了让人一听就懂，我们的语言必须通俗、浅近、易懂，用大众化、口头化的语言，化陌生为熟悉、化深奥为通俗、化抽象为形象、化繁杂为简明、化枯燥为趣味。

此外，在介绍过程中，要恰当运用停顿、重音、吐字、语速等语言表达技能，这样才能使语言形象生动。

三、介绍的方法

（一）人物介绍的方法

1. 自我介绍

人生在世不能总是坐等好运光顾，应该主动地推销自己，这样才能让你的才华和才干被世人所接受。而自我介绍是推销自己的第一步，能否让人们有进一步了解你的愿望，取决于你第一步走得是否漂亮。

把握时机——自我介绍就是以自己为主角来向别人说明情况。在这种情况下，时间的长短、内容的选择及如何与交往对象互动等问题，都由介绍人自己来把握，所以相对自由度比较大。然而，介绍要想获得良好的效果，一般来讲要注意把握好三个时机：

（1）别人需要了解你的情况，并已主动与你沟通的时候：这是你做自我介绍的最好时机，此时你应当积极回应，而不是采取目中无人，爱理不理的态度。

（2）你需要别人了解你的时候：有的时候人家不想了解你，但你要主动介绍自己。比如，接待来宾时，要先做个自我介绍，告知他们你是哪个单位的，代表单位或公司欢迎大家的到来。

（3）有必要的时机：有时候你也没想让对方了解你，对方也不想了解你，但是有些场合有必要使对方了解你。比如，燃气公司业务员，有时候要去居民家里抄表或检查燃气管道情况，开门时要主动介绍："我是燃气公司业务员，我是来抄表的，并帮你们检查一下管道使用情况。"这样才能让居民放心开门。

注意场合——自我介绍一般有应酬式、公务式、社交式、礼仪式、寒暄式等几种形式，根据不同场合的需要，我们应选择相应的自我介绍方式。

（1）应酬式自我介绍，适用于一般性社交场合的泛泛之交，这种自我介绍简洁明了，达到互相认识的目的即可。如"你好，我叫某某某"。

（2）公务式自我介绍，是在工作场合经常使用的一种介绍形式，要说明工作性质、职务、单位等，是反映你的地位、权力、身份的一种自我介绍形式。这种自我介绍包括四大要点：单位、部门、职务、姓名，介绍时一气呵成。

（3）社交式自我介绍，适用于纯粹的非公务活动，私人聚会时用得比较多。这种情况下，比较适合套个近乎，缩短人际距离，找彼此关系的共同点。

（4）礼仪式自我介绍，适用于讲座、报告、演出、庆典、仪式等一些正规而隆重的场合，介绍时要注意在适当的时机、从适当的角度向交往对象表示尊重。

（5）寒暄式自我介绍，是一种面对泛泛之交的有距离的介绍方式，在不得不介绍自己又不想跟对方深交的情况下，只需介绍自己的姓名即可，适用于一般应酬场合。

掌握分寸——自我介绍要注意适可而止，时刻关注听者的感受，争取互动。一般情况下在一分钟内解决，必要的话越短越好，长话短说、废话不说、没话别说。大多数情况下我们应先递名片再做自我介绍，让别人对你有个大概性的了解，并随着你的自我介绍来加深印象。自我介绍的顺序应遵循位低者先行的原则，即晚辈向长辈先介绍，下级向上级先介绍。在地位相等、年龄相仿的情况下主客之间由主人先向客人做介绍，男女之间男士先向女士做介绍。

彰显个性——自我介绍时可以适当地突出自己的个性，如在介绍自己的姓名时用风趣幽默的语言或一语双关的手法来诠释姓名的含义，比直接报上名号、告知职业、文化程度的做法更能给人留下深刻的印象。有位叫余秋实的同学在获得青少年作文大赛金奖后这样介绍自己："我叫余秋实，这名字看起来像是梁实秋和余秋雨的盗版，大概是名字如此接近大师的缘故吧，我喜欢读书，不过从不买盗版书；我喜欢写作，坚持原创杜绝抄袭……"巧用姓名与两位文学大师相近来介绍自己，让人过耳不忘，这样的介绍既带出自己的兴趣爱好，又切合青少年作文大赛这一主题。

善用技巧——在进行自我介绍时，除了直接陈述，我们还可以用到一些衬托暗示的技巧，或"醉翁之意不在酒"，看似自责实则讲述优点；或以短托长，在短处中挖掘自己的长处；或借用他人评价突出自己的特点；或委婉、含蓄地表达自己的优势……采用这些方法既成功地传达出了自己想要介绍的内容，又不至于让人觉得过于张扬而落得个自我标榜之嫌，比直陈本意作用更佳，往往会收到意想不到的效果。如"我们班那些同学一到考试就叫我学霸"。借班上同学的评论来说明我的成绩好，这比直接说我每次都考第一更能让听者接受。

2. 居间介绍

居间介绍是指介绍人站在第三者的立场上，引见被介绍双方，说明各自情况及双方接触的目的，使其相互认识并建立联系的一种口头交际活动。居间介绍一般遵循"位低者先行，尊者居后"的原则，应当先将男士介绍给女士，将未婚者介绍给已婚者，将晚辈介绍给长辈，将职位低者介绍给职位高者，将主人介绍给客人、将个人介绍给团体。比如两校学生会要开展联谊活动，某校学生会主席要来你校商量活动事宜，你作为学生会外联部的部长为两校学生会主席做介绍。双方见面时应先把本校学生会介绍给来客，通常可以用"请允许我来介绍，这位是×××"作为开头，介绍时应站在被介绍的一方。

3. 代述介绍

代述介绍是以叙述人的身份介绍他人的情况、事迹，使人们对被介绍者有较为具体和全面的了解。如候选人的情况介绍、先进人物的事迹介绍等都属于代述介绍。

◆ 介绍训练实录

虽然场下的许多朋友与我是第一次见面，但在数十亿茫茫人海中，我们却能共聚一堂，真是一份缘分。**我不是很强壮，外貌更是和英俊沾不上边，但大家却喜欢和我在一起。为什么呢？** 因为和我在一起就能衬托出他们有多魁梧和帅气！其实我觉得，外貌毕竟是外貌，经不住时间的考验，而内心的积极向上才是一个人身上最大的闪光点。

在上一届的学生会工作中，我虽然只是一个宣传部的副部长，但行动绝不仅限于宣传部的工作领域。每日的广播、黑板报的相关工作和大型文艺活动中，我都很努力。当然其中缺少不了老师们的谆谆教导、同学们的大力支持和其他学生会干部的帮助。我正在计划和其他学生会干部建立各种各样的社团，使同学们的课余生活更加丰富多彩。

如果我能竞选上下一届的学生会干部，我想将现有的各项工作进行改进，改善工作中的不足，让它们更加切合同学们的实际。我知道，我做得很不够，但请同学们给予我这次改进的机会，让我为老师们的日常工作和同学们的校园生活献出一份热情和力量！

我满怀自信而来，愿为同学们做得更周到，做好同学与老师之间沟通的桥梁。我相信，我能胜任这个职位！最后，祝愿其他竞选者超常发挥！谢谢大家！

该文段是竞选学生会干部时的自我介绍，从他的介绍中，我们可以听到以下信息：

介绍的顺序：生活的态度—工作的态度—工作的设想—竞选的态度。

介绍的重点：工作态度和工作设想。

介绍的技巧：语言幽默，拉近和同学们的距离。

划线句的言外之意：人缘比较好。

竞选时的自我介绍不求面面俱到，只要将自己的优势和态度充分展现出来即可。从本段材料中，我们听到了以下信息：首先这位竞选者为人幽默，人缘比较好，这是竞选成功的人脉优势；其次他有着积极的工作态度和丰富的工作经验，这让他对下一届学生会宣传工作有了新的计划和设想，这是竞选的资历；最后再次表明竞选成功后的态度，条理清楚，优势突出，言简意赅。

◎ 资料卡片

自我介绍的方法

把握时机：别人需要了解你的情况、你需要别人了解你的时候、有必要的时机；

注意场合：应酬式、公务式、社交式、礼仪式、寒暄式；

掌握分寸：晚辈向长辈介绍、下级向上级介绍、主人向客人介绍、男士向女士介绍；

彰显个性：一语双关、幽默风趣、自我嘲讽；

衬托暗示：以短托长、借用评价、委婉含蓄。

※ 任务实施

★ 拾趣

一、磨耳朵

1. 8 位同学上台做自我介绍，要求只用一句话就说出自己最大的特征来。再请 3 位同学上来，每人复述一句你印象最深的介绍，并说说为什么对这句话印象深刻。

★ 入境

二、练应对

下列是几个需要介绍的场合，请你根据不同场合的要求做介绍。

场景一：想利用暑假去打工，请你设计一段面试时的自我介绍。

场景二：在初中同学聚会上，你听说同学的一个朋友和你在一个学校就读。第二天，你遇见那位朋友，请设计一段自我介绍。

场景三：你母亲来宿舍帮你拿东西，请你向舍友们介绍她，并把你的舍友们介绍给母亲。

场景四：张瑞是你的同桌，最近刚加入学生会学习部做干事，你作为学习部长如何在开例会时把他介绍给大家。（采用代述介绍）

★ 下水

三、磨嘴皮

1. 听读下列信息，完成练习。

姓　　名	赵敏君	性　　别	男	民　　族	汉
出生年月	1994 年 8 月	身高（cm）	178	健康状况	健康
毕业院校	江苏省西城职业技术学院				
毕业时间	2013.07	学　　历		大专	
所学专业	动漫设计与制作				

续表

担任职务	系学生会主席
所获奖励	市优秀学生干部、江苏省职业学校技能大赛数字影音后期制作高职组二等奖、江苏省文明风采大赛摄影组一等奖
特　长	漫画手绘、Flash 制作、PS 图像处理、影音处理
业余爱好	摄影、篮球、电影
工作经历	曾在神笔动画制作有限公司做过手绘工作
性　格	开朗活泼

这是赵敏君同学的个人简历，请你针对听到的内容，为其做不同场合的介绍：

① 假设你是赵敏君，这里是招聘会现场，现在和你面谈的公司是万象数字影音制作有限公司，请你向用人单位做简短的自我介绍，力求用一句话打动对方；

② 假设你是赵敏君的班主任，你朋友开的一家公司正需要招实习生，请你向他推荐赵敏君；

③ 假设你是赵敏君的同学，你的一个朋友也是摄影爱好者，请你介绍他们认识。

2. 请你向同学们介绍——

我的家乡（可以按照时间顺序来介绍家乡的变化，也可以按照四季变换来介绍家乡的景物特产等）；

我的学校（可以介绍学校的建筑布局、功用，也可以介绍学校的历史沿革）；

我的专业（可从所学专业的性质、特点和要求这几方面来介绍，并说明自己选择本专业的原因和未来的打算）；

我的班主任（可以是现在的班主任，也可以是以前的班主任。说明班主任的外貌特征、工作风格等）；

我了解的一件事（介绍事件发生的时间、地点、人物、经过和结果，并适当地谈谈自己对事件的看法）；

我喜爱的一本书（介绍时有条理地陈述该书的概要，重点突出这部书的特点，阐述你喜爱的原因及推荐的理由）。

请将以上六个题目写在纸条上，由学生抽签，抽到题目后准备三分钟便开始做介绍。

→ 任务二　解说

※ 情境导入

"各位来宾，大家好！欢迎来到我们江南商学院校史陈列馆参观，我是财务管理专业三年级学生林静，很高兴能为大家讲解我们江南商学院的办学历史。江南商学院校史馆共分为前言、一脉相承、鸿基初立、栉风沐雨、踵事增华和展望未来六个部分……"

在江南商学院建校二十周年校庆活动的当天，林静作为学生志愿者讲解员，引导来宾参观校史陈列室，并为来宾讲解学院的发展历史，以上是林静的开场白。

想一想，接下去她该如何来解说呢？

※ 任务要求

- 了解解说的性质和特点；
- 能够对熟悉的场景和物品进行解说。

※ 知识准备

一、解说的性质和作用

解说就是解释说明。具体而言就是用简单明了、通俗易懂、生动形象的语言说明事物、解释事理、评价事件，使人们了解事物、懂得原理、知晓规律，或透过现象看到本质，在日常生活中同样使用广泛、实用性强。在实际运用过程中解说常和介绍结合使用，我们将一个产品或一个环境介绍给他人时，不免要对其进行解说，通俗而言解说就是深入的介绍。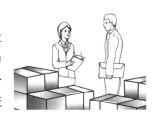

随着信息社会的不断发展，解说越来越显示出它的社会功效，知识的传播、产品的推广、成果的发布、事件的解读都要运用到解说，而人们的旅游购物、休闲娱乐、饮食起居、教育医疗也都离不开解说。

二、解说的方法

1. 表情举止

我们在作解说时应做到精神饱满、大方庄重、亲切自然，讲解员站立时要收腹挺胸、双肩放平，头部端正，对观众不卑不亢，热情礼貌。面部表情要具有亲和力，讲解时要时常面带微笑，特别是迎送观众和回答观众问题时更应该如此，从而缩短与观众之间的感情距离，使观众产生好感。

举止要稳重高雅，既大方庄重，又不呆板机械；既亲切自然，又不轻浮随便。在带领观众行进中，脚步要放轻，走路要和谐稳当，动作要适度并尽量减少。讲解员带领观众参观时一般要倒着走，使观众看到讲解员的正面，这样显得亲切礼貌。但是在引导较长的路程时或者有其他原因时应正着走，但讲解时要重新面向观众。

2. 前期准备

要充分熟悉解说的对象，如向客人讲解博物馆藏品时，首先要熟悉各个展点的基本情况，展品的特点、由来、传说、典故等。其次，要熟悉讲词，弄懂所讲内容的主题、内涵、意境和专业术语等。 必要时可对照文物、图版熟悉细部特征，选定讲解的最佳位置，实地演习。

3. 内容流程

解说的流程一般包括：开场白——讲解——结束语。开场白一般包括两方面的内容：一是礼貌地问候，二是概括介绍一下参观内容和顺序。在礼貌性的问候里，要表达对观众的欢迎之意，如"欢迎大家到此参观"、"欢迎各位的光临"等。概括介绍本馆的一些基本情况、开放的陈列展览以及它们所在的位置和参观顺序等，要求简练、概括、明了。结束语是总结和告别性的语言，一般应该画龙点睛地总结一下参观过的内容，让观众对本馆留下美好而难忘的印象。

三、解说的形式

解说作为一种口语表达方式，有其即时性和稍纵即逝的特点，这决定了我们在做解说时，应当根据解说对象的特征和听众的需求来选择最为合适的形式。

1. 定义解说

主要用于解释事物的名称和概念，概括地说明事物的特点或功能等，常用下定义的方法与判断的句式。一般在向人们讲解新鲜不熟悉的事物时采用这种方法。如："篦子是用竹子和牛骨等材料制作的梳头用具，中间有梁儿，两侧有密齿。它的梳头功能主要是刮头皮屑和藏在头发里的虱子——过去时代卫生条件差，生活方式落后，人们的头发中常生虱子，轻轻地篦头，既可以篦去虱子，也起到按摩头皮、舒筋活络的作用。"

2. 分类解说

当我们需要将复杂事物说清楚时，单从一个方面来解说是不够的，可以根据事物的形状、性质、成因、功用等属性的异同，把事物分成若干类，然后依照类别逐一加以阐释，或将事物的特征、本质需要分成几点或几个方面来进行说明。比如，当你作为学生代表，为来宾大致介绍校园布局时可以这样说："整个校园分为三大区域，分别是教学区、生活区和活动区。教学区有六栋教学楼，分别是财经系、商贸物流系和艺术设计系的教室和实训室。生活区有九栋学生宿舍楼和一栋教师宿舍楼，可为 3000 名学生和 50 位老师提供住宿。"

3. 举例解说

为了说明事物的情况或事理，有时光从道理上讲人们不太理解，这就需要列举一些既通俗易懂又有代表性的例子来加以说明。比如，营业员在向一位女士推销化妆品，那位女士因价格太高而犹豫不决，此时营业员就举了个例子："您记得前不久报纸上的一则报道吗？一位小姐正是买了廉价的化妆品，结果造成皮肤过敏，整个脸都肿了，真是的！我们的化妆品是正规厂家生产的，虽然价格贵些，但它是通过国家质量检测的，绝对安全，虽说多花些钱，但可以获得漂亮、安全、健康的保证，您说这钱花得值不值？"相信顾客在安全健康和省钱之中更愿意选择前者，举例使得推销人员掌握了洽谈的主动权，促成了推销的成功。当然举例必须真实可信，符合当时的情境，要知道所举例证都是为支持你的观点服务的。举例时应当言简意赅，语言切忌拖沓冗长。

4. 比较解说

在向人们介绍某些抽象的或者陌生的事物时，我们可以用同类事物来进行比较，这既能给人留下较为直观的印象，也能让事物的特征显现出来，从而增强解说的效果。比较时也可以用异类事物来进行，当然一定要选择人们熟悉的事物，否则不能达到解释的目的，反而会让你一而再再而三地做解释。

5. 引用解说

为了使解说的内容充实具体，更具说服力，我们可以引用一些诗词、俗语、名人名言等。可引用资料很丰富，经典著作、名家名言、典故传说、谚语俗语、诗词名句等都可用来充当解说的内容或依据。一位导游在带游客们游览鼋头渚时，在景区门口这样介绍：

这牌坊左面的山峰，叫做充山，又名南犊山。"自古名山僧占多"，早在1400多年前的南朝萧梁时，充山的后山就建起了"广福庵"，我们可以把它看作是这里最早的风景开发。到了明清时，不少文人雅士就常到这湖边游览，留下了脍炙人口的诗文；还在湖边的山崖石壁上，刻上了言简意赅的摩崖石刻。其中明末有位叫做王永积的，在他编写的《锡山景物略》中，对这里的景物作了记载："更有一巨石，直瞰湖中，如鼋头状，因呼为鼋头渚。"鼋是一种大型的海龟。在中国古代，乌龟被看作是长寿的灵物，俗话说得好："到了鼋头，万事不愁。"鼋头渚因此被赋予了吉祥的含义。

这段导游词中既引用了俚语俗语，为解说增添情趣，激发游客的兴致，也引用了文献资料，增加了历史厚重感，让游客于游览中获得知识。

◆ 解说训练实录

这是我们小学的操场，墙面上画有各种体育运动图标，还有形式多样的健身娱乐器械，借着我县创建"现代化教育"县的春风，总投资150万元的标准400米塑胶跑道已投入使用，操场的中间是草坪，这加大了孩子们娱乐的空间。各位家长请往东北方向看，宽广的操场东侧是我们的餐厅，此餐厅可同时容纳500人就餐。餐厅北边的水塘为松年塘。胡松年，也是我们赣马人。他忧国忧民，为官清正，在出任苏州知府时，人还未到任所，贪官污吏、土豪劣绅便闻风敛迹。1146年，胡松年病逝，后迁葬我们赣马。

我们学校在近几年多方筹资，把通往餐厅的道路硬化并在道路两边栽植玉兰等花木，使学校又增加了一处亮点。在餐厅的南面是我们学校的桃李园，园内种植银杏树、梨树、桃树、柿子等果树，春季繁花点点，秋天硕果累累。我们赣马小学的每一天都是新的，也希望我们赣马小学今天能给大家带来好心情。

请各位家长到餐厅就座，准备一年级新生的入学仪式。

本段内容为引导来宾参观学校解说词的一部分，从中我们可以听到以下解说方法：

定义解说：无。

分类解说：操场、餐厅、水塘、过道、桃李园。

举例解说：他忧国忧民，为官清正，在出任苏州知府时，人还未到任所，贪官污吏、土豪劣绅便闻风敛迹。

比较解说：无。

引用解说：胡松年的传说。

通过解说校园全新的环境、实用的设计和丰富的文化底蕴，有理有序地呈现在我们眼前，特别值得关注的是讲解过程中插入了历史传奇，不仅说明了松年塘名称的由来，也增添了校园的文化气息。

◎ **资料卡片**

解说的方法

1. 定义解说：解释事物名称和概念，概括地说明事物的特点或功能；

2. 分类解说：根据事物的形状、性质、成因、功用等属性的异同，把事物分成若干类；

3. 举例解说：列举通俗易懂的例子辅助说明；

4. 比较解说：同类比较和异类比较；

5. 引用解说：引用文献资料、诗句、典故、传说等。

※ 任务实施

★ 拾趣

一、磨耳朵

请选择一种家电，从外观、用途、注意事项等几个方面来解说，但不透露这种家电的名称，请同学们听后猜一猜你说的是什么家电。

★ 入境

二、练应对

一年一度的校园春季田径运动会正在操场上如火如荼的开展着，今天比赛的项目有：女子 800 米、男子 1500 米、男子 4*100 接力以及教职工 100 米决赛。请选择一个比赛项目来做一次现场解说吧。

（参考形式：我们把目光投向_____比赛现场，参加这项赛事的运动员分别是_____，其中_____是校运会纪录的保持者。运动员们上场了_____）。

★ 下水

三、磨嘴皮

下面是一段校园引导员的解说词模板，请根据自己学校情况，口头将其补充完整。

尊敬的各位领导，大家好！您现在来到的是_____学校。这位是我校校长_____，这位是副校长_____。我是引导员，本校_____系（班）学生_____。首先，我代表本校全体师生对各位领导的光临表示热烈欢迎和衷心的感谢。

各位领导，步入校园，请观赏我校的校园布局和绿化景点，我们校园布局合理，我们现在走的大路宽阔平整，两边是_____（校园的绿化情况）。我们学校于_____年____月建成投入使用。她坐落在_____（介绍学校的地理方位、面积大小、教职工人数、学生人数等基本信息）。

下面，请大家随我到教学楼参观。我们的教学楼_____（楼层数、班级数、总面积等基本信息）。

走到楼前，迎面看到的是_____（门厅介绍）。

各位领导，请随我来，现在我们看到的是我校的实训大楼_____（设备、作用等）。

各位领导，走出实训大楼，我们看到的这栋建筑是图书信息中心，我们学校的图书馆、阅览室、校广播站和电视转播中心就设在这栋楼里。我校图书馆_____（藏书情况、师生使用情况）。校广播站_____（由谁管理、广播内容、广播时间、作用）。电视转播中心_____（由谁管理、主要作用）。

各位领导，我们现在来到学校的活动区，该区域有_____（操场及各体育场馆简介）。

各位领导，走了一圈大家也累了，请到我们的食堂休息片刻，准备用餐。我们学校的食堂_____（简单介绍食堂的情况，如有多少窗口，各自特色是什么；餐厅有多少位置，可供多少人同时就餐；是否提供有勤工俭学的岗位等）。

再次感谢您的参观指导，欢迎您提出宝贵的批评意见，谢谢！再见！

→ 任务三　演讲

※ 情境导入

刘媛媛：人生这出戏我是你、你们所有人人生中的龙套，但我是我自己人生的主角，所以在我遭遇失败的时候，在我被观众喝倒彩的时候，我一个人也能而且必须会唱下去……你是芸芸众生中那么那么普通的一个你却拼尽全力活出最好的自己，又有谁有资格说你的人生不成功。

马薇薇：一将功成万骨枯，一个分子无数分母，成功这件事其实成功率极低……可是在场的每一位朋友你们知道吗，追求这种近乎渺茫的成功正是我们人类区别于其他动物之所在，因为你几乎注定会失败，所以你期待成功的每一天，都充满了一种叫做忐忑的幸福。当你拼尽全力失败依旧来临的时候，你会知道你的一生因为浪费在理想上，所以它从来不曾被浪费。

我们当以怎样的心态去面对不成功的人生呢？刘媛媛和马薇薇站在各自的角度给出了答案，以上是他们演讲稿的节选，请欣赏演讲的精彩视频。

※ 任务要求

- 认识演讲的性质特点；
- 掌握演讲的方法，技巧；
- 培养日常生活领域中的演讲能力。

※ 知识准备

一、演讲的性质

演讲又叫演说，是指在公开场合，以口头语言为主要手段，以体态语言为辅助手段，针对某个具体问题，表达见解、阐明事理或抒发情感，进行宣传鼓动的一种语言交际活动。演讲是一门综合性的语言表达艺术，也是一门语言逻辑巧妙运用的学问。演讲者运用慷慨激昂、机智幽默或感人至深的语言，将伦理道德、政治历史和文化艺术巧妙地融合为一体，和听众擦出思想的火花。

二、演讲的内容

完整的演讲大致可以分为开场白、主体和结尾三个部分。

1. 开场白

开场白是演讲者在听众面前的首次亮相，此时演讲者的唯一任务就是吸引听众的注意力。听众往往会从开场白中，得知演讲者的身份、职业、修养、才能、性格以及演讲的大致内容。

2. 主体

主体是演讲内容的灵魂与核心，演讲者应在这一部分阐明观点，明确告诉听众你对某人某事的看法，你希望得到怎样的结果或你希望听众做什么。为使自己的观点具有说服力，演讲者往往要选择一些真实可信的材料来作支撑。比如，引用一些统计数据，借助专家的权威性意见，或举一些大家普遍认可的事例。

3. 结尾

结尾是对整个演讲的总结，它承担着升华主题、收束全篇的任务，俗话说"编筐编篓，全在收口"，好的结尾会给听众留下深刻的印象，收到"余音绕梁，三日不绝"的效果。结尾一般可以采用总结呼应、激励鼓舞、抒情感召，或引用警言妙句等方法，加上演讲者饱满的情绪、充沛的感情，让听众回味无穷，得到思想的启迪和美的享受。

三、演讲的基本要求

1. "讲""演"结合——做一个有感染力的演讲者

演讲这门综合性的语言表达艺术，是演和讲相结合的产物，成功的演讲有赖于演讲者对有声语言和无声语言有效的运用，使它们相得益彰，为演讲增添感染力。

合格的演讲者首先要具备吐字发音标准、音量适当、表达流畅、断句换气合理等基本素质；其次还需要良好的体态语言，抬头挺胸的姿势不但让你看起来落落大方、充满自信，更使你具有领袖风范，它能让你初次亮相即拥有强大的气场；演讲时如能运用好姿势、表情、手势更会有助于你形象地表达演讲的内容，向听众传达微妙的内心世界，拉近了和听众的距离；合理自然的手势使你的演讲更为生动形象，增强了演讲的感染力和说服力。

2. 重视积累——做一个有准备的演讲者

俗话说"不打无准备的仗"，成功的演讲，需要付出巨大的心血和劳动。想成为优秀的演讲者，首先要做一个善于搜集整理材料的有心人。充足的材料可以丰富演讲内容，材料可以是自己的一段经历，所见所闻，或灵光闪现的一个思想观点；也可以是从图书、报刊、影视和网络中获取的信息。随手记录的内容未免过于碎片化，不同类型的材料往往杂糅在一起，不能形成系统的观点，这就需要我们及时加以整理，归纳若干主题，分门别类地存放材料。这样，你才有充分的内容和清晰的思路来应对任何形式的演讲，所谓"手里有粮，心里不慌"，这些材料会成为你一生的财富。

3. 调节心态——做一个有信心的演讲者

演讲的性质决定了它既具有公开性又具有个体性的特征。演讲的环境是特殊的，现场情况千差万别；演讲的对象是陌生的，且频繁变换，而演讲者又是孤独的，演讲过程中自己的一举一动毫无保留地暴露在公众面前，必定会产生巨大的心理压力。演讲者只有排除外界不良因素的干扰，调整好自己的心态，才能将演讲的水平充分发挥出来。

4. 仪容得体——做一个有风度的演讲者

演讲者的仪容仪表是留给观众的第一印象，整齐的发型、适宜的妆容、得体的穿着，往往会为你的演讲增色不少。演讲者的仪表仪容要适合自己的身份、年龄和体型，不要过分地修饰，也不要不修边幅，过于随便。健康、明朗的形象是对听众的尊重，也很好地展现了演讲者的文化修养和不凡的风度。

四、演讲的技巧

1. 控制节奏

演讲作为公开场合的语言表达，它更需要感召力。演讲者应善于把控语句的节奏变化，让每一次停顿、高低、升降和快慢都显得自然和必要。节奏是传达思想感情的媒介，节奏变化要适应不同的表达内容，反映演讲者的内心世界。一般演讲时有以下几种情况：

（1）慷慨激昂型：演讲者抒发激昂、喜悦或紧张等情感时，语调自然高扬，大起大落，语速快而有力，节奏流畅，重音增强，形成急促的节奏。

案例：

古往今来，多少仁人志士为维护祖国的荣誉和民族的尊严，在爱国和气节方面为后人做出了榜样。卓有见识的林则徐，血染吴淞口的陈化成，维新被杀的谭嗣同，推翻帝制的孙中山，横眉冷对的鲁迅，抗日献身的张自忠，以及无数为国捐躯的共产党人，他们都体现了这一民族的爱国精神，他们是中华民族之魂。

这段演讲词义正严词，掷地有声，演讲时划线句的语速当由慢而快，语调由低而高，逐渐加强语言的气势，在"无数为国捐躯的共产党"一句达到高潮，紧接着后一句语势稍加回落，直到最后一个"魂"字重读并高扬。

（2）凝重沉郁型：抒发沉思、悲伤、怨愤的情感时，音调低沉，尽量避免幅度较大的起伏，语速放慢，节奏舒缓，语气沉厚。否则不能有效地激发听众的情感，无法形成共鸣。

案例：

他是陕西省一个偏僻的小山村的乡村教师，妻子因病失去了劳动能力，一家五口人生活极端贫困。女儿在西安上大学，母亲去看她。在大学校园里，母亲一眼就认出了自己的女儿，因为女儿的衣服破旧得显眼，脚上穿的鞋还是手工做的，没穿袜子。看着女儿冻得通红的双手双脚，母亲狠了狠心，从给自己看病的钱中拿出了 100 元，让女儿上街买衣服鞋袜。几天后，女儿回家了，穿着一件花 30 元钱买来的衣服，依然光着脚穿着布鞋，将剩下的钱全部交还了母亲。这位民办教师讲到这里，哽咽着说："看着女儿简朴的衣着，看着老伴儿瘦弱的身体，看着孩子们破旧的书本，我心里有愧呀！"然而就是这位愧对家人的老师，却让他的学生中考升学率年年全县第一。西安有些条件好的学校高薪聘请他，他却拒绝了。他说："咱穷地方的孩子可怜，他们更需要老师。咱干的是塑造人类灵魂的大事，咱的价值，咋能用金钱来衡量呢？"泪眼蒙眬中，这句话永远刻在了我的记忆深处。从这句话里，我读出了这位生活贫困却精神富有的乡村教师的信念，那就是无私奉献！

这段演讲词是对一位甘于贫穷，兢兢业业又无私奉献的乡村教师的介绍，妻子去看望女儿的一段描写，最能体现出这位乡村教师生活的艰难和对家人的愧疚，在讲这一段内容时，我们可用深沉缓慢的语调，娓娓道来，如能设身处地地站在人物自身的立场上来讲述，感受到人物的艰辛，那更能打动听众。

（3）轻快明朗型：针对那些感情脉络平稳，无强烈情绪表达的一般性叙事或议论的内容，语调不需要有强烈的起伏，表达流畅自然即可。语速适当加快，语气可以轻松活泼，也可以沉稳平和。这一类型的节奏多用于欢迎、祝酒和祝贺等场合。

案例：

作为一名父亲，女儿能考出优异的成绩，我感到很骄傲，女儿能进入××大学我更是感到很激动，我为她而自豪、为她而高兴。孩子能考上××大学，实现了梦寐以求的愿望，这不仅仅是我们一家的光荣，也是我们整个家族的荣耀与自豪。面对这样的荣誉，我们全家经过商量，决定举办今日的谢师宴，请各位来分享我们全家的幸福与快乐。希望大家能开怀畅饮，共同度过美好的一天。

女儿能够取得如此骄人的成绩，这不仅是靠她自己的努力，更多的是与教育她的所有小学老师、中学老师和班主任老师谆谆的教诲分不开的，还与在座亲友的鼎力相助分不开。所以在此，我还要郑重地再次说声谢谢你们的培养教育，谢谢你们的栽培。

这是一位父亲在女儿考上大学后谢师宴上的讲话，用平实的语言陈述出来，虽不能激动人心，但达到了感谢目的。

2. 艺术入题

（1）标新立异：演讲者开篇反弹琵琶，标新立异地提出自己的观点，表面上看似和一些传统观念唱反调，实则借题发挥，巧妙地阐述自己的看法。

案例：

世界上很多非常聪明并且受过高等教育的人无法成功，就是因为他们从小就受到了错误的教育，他们养成了勤劳的"恶习"。很多人都记得爱迪生说的那句话吧：天才就是99%的汗水加上1%的灵感。并且被这句话误导了一生。勤勤恳恳的奋斗，最终却碌碌无为。其实，爱迪生是因为懒得去想他成功的真正原因，所以就编了这句话来误导我们。

这是阿里巴巴公司首席执行官马云先生精彩演讲《爱迪生欺骗了世界》的开头。这段演讲令人震惊，他简直是在"颠覆"人们心中的成功准则，可以说，很多人不但记得爱迪生说的那句话，而且是奉为"真理"的，演讲者为何敢如此"妄言"？于是，大家的注意力一下就集中到马云的演讲上，每个人都想知道他如何能自圆其说。

（2）另辟蹊径：和标新立异的做法不同，另辟蹊径是从常人不太关注到的角度巧妙地切入观点，提出与常人不同见解的同时，并不否认他人的观点。

案例：

鲁迅的时代，爱国志士与英雄豪杰，多了去了，只不过五十多年来，许多民国人被我们抹掉了、贬低了、歪曲了、遗忘了……在我们几代人接受的教育中，万恶的"旧社会"与"解放前"，除了伟大的共产党人，好像只有鲁迅一个人在那里左右开弓跟黑暗势力斗。

鲁迅一再说，他只有一支笔，可是我们偏要给他弄得很凶，给他背后插许多军旗，像个在舞台上唱独角戏的老武生。

现在我这样单挑个所谓"好玩"的说法来说鲁迅，大有"以偏概全"之嫌，但我不管它，因为我不可能因此贬低鲁迅，不可能抹杀喜欢鲁迅或讨厌鲁迅的人对他的种种评价。我不过是在众人的话语缝隙中，捡我自己的心得，描一幅我以为"好玩"的鲁迅图像。

这是知名画家陈丹青在北京鲁迅纪念馆的演讲《笑谈大先生》中的一段文字。陈丹青的演讲没有像以往的评论家那样，字斟句酌地去推敲鲁迅作品中的文字，而是另辟蹊径选择了对鲁迅性格特征的评价，以"好看"、"好玩"为切入点，不但新奇、吸引人，更重要的是他让大家看到了一个有血有肉、充满人情味的鲁迅。

（3）欲扬先抑：欲扬先抑的手法最终目的是为"褒扬"，一开始的贬抑是为了让大家产生错觉，诱导大家的注意力固定在人物或事件中，然后突然转向，使听众恍然大悟，收到不凡的艺术效果。有个关于纪晓岚的故事，相传，一次纪晓岚为一个朋友的老母祝寿，当即作诗一首，劈头第一句就说："这个老娘不是人。"四座宾客都吓了一大跳，纪晓岚却不慌不忙，又念第二句："九天仙女下凡尘。"大家松了一口气，鼓掌叫好，纪晓岚又念下去："生个儿子却做贼。"宴会主人脸上勃然变色，四座咋舌，不敢言语，哪知纪晓岚又从容地说："偷得蟠桃献娘亲！"至此，众人开颜，欢笑举杯。

（4）设置悬念：设置悬念能激发听众的好奇心，开篇留有悬念，听众自然会愿意跟着你的思路走下去，想听听结果是什么。当然，不能用人人都知道的常识性问题生硬地转化成悬念，悬念的结果到最后一定要有个交代，故意吊胃口的做法会激起听众对演讲者的反感。

3. 巧妙收尾

美国作家约翰沃尔夫认为"演讲最好在听众兴趣未尽时戛然而止"。其意就是说，最好在演讲达到高潮时果断"刹车"，以此来强化给听众的最佳印象。

（1）以故事结尾：针对你阐述的观点，讲一则与你主题相关的哲理故事来加深人们的理解，也可以讲述生活中一则寻常事件，再次强化听众对你演讲的直观印象。最后在对故事的点评中结束演讲，留有余韵。讲述故事宜简不宜繁，不要做过多的描述。一般可以用"最后，我想和大家分享一个故事"来过渡。

（2）以名言结尾：这种结尾方式是通过引用名言、警句、谚语、格言等作为结尾，这样不仅使语言表达得精炼、生动、富有节奏和韵律，而且还可以使演讲的内容丰富充实，具有启发性和感染力。如"青山一道，我们同历风雨，团聚一处。而将五洲四海的人们集汇在一起的纽带，也许，是这样的期望：为天下立心，为生民立命，为往圣续绝学，为万世开太平"。

（3）以诗词结尾：诗词可以是古今中外文人创作的人们耳熟能详的名句，如"'长风破浪会有时，直挂云帆济沧海'，少年当存凌云壮志，让我行动起来"。如果你有写诗的爱好和特长，在结尾附上自己的小诗一首，也能收到不俗的效果。

（4）以呼吁结尾：结尾处演讲者以慷慨激昂、扣人心弦的语言提出希望，对听众的理智和情感进行呼唤，激起听众感情的波涛，使听众产生一种蓬勃向上的力量。这种结尾可以采用诸如"为实现我们共同的目标而奋斗"一类的语言，来形成听众对共同理想、远景的共识。

（5）以祝颂结尾：诚挚的祝贺和赞颂本身就充满了情感的力量，最容易拨响听众的感情之弦，产生和谐的共鸣。所以，用祝贺或赞颂的言词结尾，能造成欢乐愉快、热情洋溢的气氛，使人在愉快中增加自豪感和荣誉感，激励人们满怀信心去创造未来。

◆ 演讲训练实录（一）

① 30 年代的青年有过哭，那是对祖国山河破碎的悲愤！

② 40 年代的青年有过哭，那是对亲人遭涂炭的悲痛和对日本军国主义罪行的控诉！

③ 50 年代的青年有过哭，那是对建设国家、拓展新生活的兴奋！

④ 60 年代的青年有过哭，那是对探索社会发展道路曲折前进中的忧虑！

⑤ 70 年代的青年有过哭，那是对动乱和失误的悔悟！

⑥ 80 年代的青年有过哭，那是现代化生活的一曲交响乐！清新而迷惑，复杂而又单纯，轻信而又固执，盲目而又敏感……

⑦ 90 年代的青年也必须有哭，那更是对新世纪、新目标的倍加自信和激动！

是的，每个时代的青年都有自己的喜、怒、哀、乐，都曾有过哭，那是时代的钟声，那是对国家、对世界、对人民、对民族、对事业、对社会进步的一曲壮歌！

这是关于"哭"的演讲词中的一段，本段按照时间顺序，串起了半个多世纪以来青年们"哭"的不同内容，这七个不同年代的哭，分别用什么样的语气来讲呢？

慷慨激昂型：② _____ ⑦ _____

凝重沉郁型：① _____ ④ _____ ⑤ _____

轻快明朗型：③ _____ ⑥ _____

◆ 演讲训练实录（二）

亲爱的朋友们，那么在演讲正式开始之前，我想问大家一个问题，2+2=？各位伙伴，从数学上来讲，2+2 当然等于 4，但如果是在我们公司里，两个部门加上两个部门，就不一定等于四个部门了，如果这两个部门互相倾轧，互相排斥，对其他部门的工作不配合，那么我们两个部门加上两个部门可能发挥的效率要远远小于四个部门的效率，但是，如果我们部门之间互相团结合作，资源互补，那么发挥的功效，将远远超过四个部门，那么接下来，我们就一起来讨论一下各部门之间如何合作。

演讲时及时而巧妙地切入正题才能吸引听众，艺术入题是演讲的技巧之一，以上演讲内容是以什么方式入题的呢？演讲者想要导入的话题是什么呢？

入题方式：设置悬念_____

导入话题：部门之间的合作_____

达到效果：激发听众的好奇心_____

听到演讲者的问题后，很多听众都会想："2+2 这么简单的问题，答案肯定不会是 4，肯定里面有文章，我倒想看看他到底想怎么讲。"这时听众的注意力就被演讲者吸引过来了。紧接着，演讲者就切入到公司合作这个话题。

◎ **资料卡片**

演讲的基本要求

"讲""演"结合——做一个有感染力的演讲者

重视积累——做一个有准备的演讲者

调节心态——做一个有信心的演讲者

仪容得体——做一个有风度的演讲者

※ 任务实施

★ 拾趣

1. 小测试

（一个成功演讲者，要有过硬的心理素质和应变能力，请完成以下八道测试题，每题只能有一个选择，然后根据括号内的分数累加起来，看看总分是多少，来测测你的心理素质和应变能力吧。选 a 得 0 分，选 b 得 5 分，选 c 得 2 分）

① 你骑车闯红灯，被警察叫住；后者知道你急着要赶路，却故意拖延时间，这时你：

a. 急得满头大汗，不知怎么办才好

b. 十分友好地、平静地向警察道歉

c. 听之任之，不作任何解释

② 在一次班会课上，你未料到会被邀请发言，在毫无准备的情况下，你会：

a. 双手发抖，结结巴巴说不出话来

b. 感到很荣幸，简短地讲几句

c. 羞涩地拒绝了

③ 你在食堂打饭，排了很长的队终于轮到你了，当工作人员把饭盒递给你的时候，你发现，饭卡和钱都没带，此刻你会：

a. 感到很窘迫，脸发红

b. 自嘲一下，马上对工作人员实话实说

c. 在身上东摸西摸，拖延时间

④ 假如你乘坐公共汽车时忘了投币，被人查到，你的反应是：

a. 尴尬，出冷汗

b. 冷静，不慌不忙，接受处理

c. 强作微笑

⑤ 你独自一人被关在电梯内出不来，你会：

a. 脸色发白，恐慌不安

b. 想方设法自己出去

c. 耐心地等待救援

⑥ 有人像老朋友似地向你打招呼，但你一点也记不起他（她）是谁，此时你：

a. 装作没听见似地不答理

b. 直率地承认自己记不起来了

c. 朝他（她）瞪瞪眼，一言不发

⑦ 你从超市里走出来，忽然意识到你拿着忘记付款的商品，此时一个很像保安的人朝你走过来，你会怎么办？

a. 心怦怦跳，惊慌失措

b. 诚实、友好地主动向他解释

c. 迅速回转身去补付款

⑧ 假设你在上火车前，被检查出包里有一把刀，车站工作人员要求你打开提箱检查，这时你会：

a. 感到害怕，两手发抖

b. 泰然自若，听凭检查

c. 与工作人员争辩，拒绝检查

（0～25分）你承受压力的心理素质比较差，很容易失去心理平衡，变得窘促不安，甚至惊慌失措。

（25～32分）你的心理素质比较好，性情还算比较稳定，遇事一般不会十分惊慌，但有时往往采取消极应付的态度。

（32～40分）你的心理素质很好，几乎没有令你感到尴尬的事，尽管偶尔会失去控制，但总的来说，你的应变能力很强，是一个能经常保持镇静、从容不迫的人。

2. 小游戏

让我们来练一练即兴讲话吧，将这三十个词语做成小纸条，请学生从中抽出三张，要求拿到纸条后不超过10秒钟立即说出一句通顺连贯的话来，其中必须包括这三个词语，练习一段时间后抽取的词语数量可增加。

竞争	春天	未来	湖边	压力	英雄	老师	心灵	广阔	诗句
网络	黄昏	精神	月亮	星星	职业	微信	传奇	书籍	漫画
动力	愿望	眼睛	友情	创造	雾霾	飘雪	都市	成绩	

★ 入境

3. 讲一讲

你是演讲高手吗，在下列场合你通常会怎么说呢？你能说满三分钟吗？

（1）在一次关于"卫生与健康"的班会课上，你突然被邀请上台来谈谈对班级卫生情况及值日情况的看法。

（2）在你奶奶过八十大寿的宴会上，你代表小字辈向她老人家祝寿。

（3）学校即将举行运动会，可是你们班同学不怎么积极，中长跑项目无人报名，你作为班长，为此开了个班会，请你做动员发言。

★ **下水**

5. 赛一赛

现实生活是一种很神奇的生活，在现实生活中那些尊重规则的老实人往往一辈子都默默无闻，反倒是那些弄虚作假的人到最后会名利双收，于是乎像我这样的年轻人就经常有那些看着很有经验的前辈过来拍拍你的肩膀跟你说"年轻人你还不懂。"我想问的是我们年轻人你能为这个世界做什么？

请以《年轻人能为世界做点什么》为题，准备做一次 3 分钟的演讲。

→ 任务四　主持

※ 情境导入

评委：刘雅，目前是得分最低的一位选手，你的表现过于平淡，没有特别让人印象深刻的特质，拼表现力你不如三号选手；拼嗓音辨识度你不如五号选手；拼长相你又不如一号选手，怎么办呢，如果你想晋级要加油了。

林静：刚才评委老师的那番话让我想到了刘德华，拼唱歌拼不过张学友；拼表演拼不过周星驰；拼范儿又拼不过周润发，但是平平淡淡，永永远远，他是香港的代言人，他是天王。

校园歌手大赛已进入最后一轮的角逐，由七位歌手来争夺冠亚季军。七位歌手中目前得分最低的刘雅在唱完一首歌时遭遇了某位评委的犀利点评，当时场面十分尴尬，刘雅强忍着泪水，心情十分沮丧。林静作为本次大赛的主持人，立刻沉着冷静地上台救场，化解了尴尬的局面，赢得了全场的掌声。

※ 任务要求

· 认识主持的性质作用；
· 听主持词片段，掌握主持的基本方法；
· 学习不同场合的主持技巧。

※ 知识准备

一、主持的性质和作用

就口语交际来说，主持是指主持人运用口头语言和肢体语言的表达，协调整个活动的过程、调控活动节奏、活跃活动气氛的行为。

主持不但可以锻炼我们的表达能力，提升形象气质，而且还有利于提高我们对文学作品的鉴赏水平和对美的感知力。同时，主持作为一种公开场合的艺术行为，更是对自身勇气和胆

量的挑战，经常参与这些活动更是有助于我们克服公开讲话的恐惧心理，为今后步入职场做准备。

二、主持的基本要求

主持人在主持过程中充当最为重要的角色，它把不同的内容和角色有机地串联起来，传递信息，交流情感。大多数情况下，主持人既要站在第一线直面观众或摄像机进行播讲，也要参与到节目的编排制作过程中，这要求主持人不但要有出色的口头表达能力，还应该博学多才，拥有丰富的科学文化知识、敏捷的思维和灵活应变的能力。

1．训练表达，丰富情感

（1）语音要求：主持人主要是靠口头语言来主持活动的，因此讲话首先要让听众能听清、听懂。发音准确、吐字清晰、声音响亮，讲一口标准的普通话是主持人最基本的素质。

（2）语体要求：除非节目需要，一般情况下，主持人不用俚语、俗语、方言和网络语言来作为主要的语体形式。主持人也不宜用过于文雅、冷僻的词语来主持，有些主持尽管带有演讲的特征，也需要像演讲一般气势磅礴或以情动人，但主持毕竟不是演讲，无论是慷慨陈词还是积极煽情，都要用观众熟悉的语言，否则将会拉远你跟观众的距离，要知道主持的最大目的是调动观众，把观众的心拉到台上来。

（3）用语要求：主持人语言内容要从实际出发，用语准确，力求做到表意浅显，通俗易懂。不能模棱两可，更不能使用带有侮辱性的语言。要注意用词的感情色彩，如在晚会、婚庆、开张典礼等场合，主持人当用一些富有喜气的字眼，万万不能使用带有忧伤、悲痛、愤恨等感情色彩的语言；而在谴责不良行为，严正立场时，用语则要充满激愤、慷慨之情。一些访谈类节目往往会涉及采访对象，主持人要根据采访对象的年龄、阅历、知识层次来设计不同的表达内容，对儿童不能用成人化的语言，对老年人尽量避免时尚网络用语。

（4）体态要求：体态是一种无声的语言，主持人的表情、动作要根据具体内容而做合适的选择，主持综艺类活动，表情可适度夸张；主持寿宴、婚宴或庆功宴等宴会，表情应带有自然的笑容；主持典礼、发布会等，表情应当严肃而稳重；主持祭祀等活动，表情要庄重……总之，不能以一种表情来应付不同的活动。主持人的动作手势也当视情况而定，一般情况下，主持人手势的幅度比演讲要小，大多数情况起到指向作用。

2．扩充知识，独立思考

优秀的主持人必定是个知识广博的人，不但要有扎实的专业基础知识和技能，也应把其他各领域的知识作为自己学习的对象。当然，仅仅是广泛的占有知识还不够，在资讯发达的当今社会，主持人仅仅满足于四处搜集资料，然后转述他人的观点，必定会被观众所抛弃，学会独立思考非常重要，要学会建立属于自己的知识体系，提出新颖而独到的见解，作出富有个性特征的评价或在某个领域有特别深入的研究，这些都能让你从一般主持人中脱颖而出。

3．控制节奏，巧妙串联

每项活动都有一个明确的主题，主题是活动的核心内容，也是活动过程所要实现的主要目的。主持人应当是在场所有人对目的认识最深刻的人，只有这样才能控制整个活动的节奏，充分调动观众的情绪，避免出现前松后紧，或前紧后松的情况。

三、主持的技巧

1. 精彩的开场

一般情况下，会议、庆典、文艺活动等开场白中，主持人都会交代一下活动的基本信息，如名称、大致流程、出席嘉宾等，让在座观众对活动有个大致的了解。而一段精彩的开场白无疑会先声夺人，使观众耳目一新，为之一振，观赏情趣陡增，从而收到未曾开戏先有情的艺术效果。

2. 灵活的过渡

活动的每个环节是一粒粒散落的珍珠，而串联词便是贯穿珍珠的一根红线。环节之间恰如其分的过渡，能使节目锦上添花。过渡的方法灵活多样。

（1）概括式：用概括性的语言，介绍下面即将出场节目的内容，设置悬念，引起观众的兴趣。比如小品《羊毛出在猪身上》的串联词是这样说的："一个要买书，一个要买猪，公说公有理，婆说婆有理，究竟是先买猪还是先买书呢？还是请观众自己来评判吧！"短短几句，道出了物质文明和精神文明要一起抓的深刻含义。

（2）设问式：如"观众朋友，你到过太湖吗？你可曾漫步湖边；感受一碧万顷的辽阔；你可曾泛舟湖中，领略青峰点点的秀雅？下面一曲《太湖美》，将带你走进这人间美景"，这种设问的方式，常常给老节目赋予了一种新鲜感，让未曾亲眼见过美景的人，更加期待下面的节目。

（3）借用式：如"干我们这一行的，常年奔波在外，很容易得胃病，得了胃病不要紧，怕就怕遇到那些草菅人命的庸医。您瞧，他来了——"这段串联词，就是借用了大家十分熟悉的某胃药的广告词，把《庸医》这个小品引发出来。此外，还可以借用名言诗句，为你的过渡增添文艺气息，如"唐代大诗人孟郊有一句脍炙人口的诗《游子吟》，开首两句'慈母手中线，游子身上衣。临行密密缝，唯恐迟迟归。'父母对儿女有操不完的心，同时晚辈也对老人充满着不尽的感激。下面请老人的长子×××作为儿子辈代表献上祝寿词"。

（4）参与式：主持人有时候会参与到节目中去，如我们经常看到，春晚的主持人坐在观众席上表演一个小魔术，然后故意被拆穿，自然而然地介绍即将登场的魔术大师。参与式的串联有利于拉近主持人与观众的距离，也拉近了观众与节目的距离。

3. 完美的收束

（1）慷慨激昂的结语：如"昨天，我们到这里来，看到的是经济建设的春潮澎湃；今天，我们来到这里，看到的是日新月异的腾飞世界；明天，我们还会来，目睹它更美的风采……"这当中既包含了对城市发展取得成就的赞美称颂，又寄托着对美好明天的良好祝愿，这样的结尾，使人心潮起伏，豪情倍增。

（2）深情款款的结语：如"优美的歌声，动听的旋律，真诚的祝福，轻松的游戏，伴我们度过了开心的教师节。'衣带渐宽终不悔，为伊消得人憔悴'，我们教师的付出与奉献是无法用语言和数字来描述和统计的，但同样我们也收获着来自学生的浓浓的情谊。在此，我们再次向大家致以深深的祝福，衷心地祝愿大家青春永驻，幸福永远，节日快乐！"这段结束语引用柳永的名句，道出了教书育人职业的艰辛和广大教师的坚守，字里行间，充满着对人民教师的敬意，最后再次表达了对教师的祝福。

（3）客观理性的结语：如"诚然，选秀只是一种娱乐游戏，但是它作为一种社会现象却具有多重语义。如果我们不能从积极的方面去研究，而只是一味回避的话，那么，消极的东西迟早会加倍报复我们，这一天也许并不遥远"。这是一档电视评论节目的结束语，针对选秀过热的情况作出了的分析，引导我们理性看待选秀节目。

◆ 主持训练实录

大家好！今天我为大家请来了《西游记》剧组，你们喜欢看《西游记》吗？唐僧师徒里面最喜欢谁呢？有那么多观众说喜欢猪八戒，那么，你们看看谁长得像猪呢？

大家好！我现在正站在抗洪救灾的大堤上，目前，村里的老百姓们都已转移到了安全地带，他们的生活必需品也得到了基本保障。看，领到食物和水的乡亲们和过年一样开心。

怎么回事？演出都开始了，还这么多人讲话，这就是你们这个城市的素质吗？请尊重一下演员。

小朋友们，看了这些老年人自编自演的舞蹈，你们觉得开心吗？

以上三段是各类节目的主持词片段，从用语要求来看有什么不妥呢？

第一段："长得像猪"言语中有侮辱嘉宾之嫌。

第二段："乡亲们和过年一样开心"，在受灾群众面前用词欠妥。

第三段：以教育人的口吻，质问观众，反而会引起观众的反感。

第四段：在小朋友面前应该称老年人为"爷爷""奶奶"。

◎ 资料卡片

主持人的基本要求

训练表达，丰富情感；
扩充知识，独立思考；
控制节奏，巧妙串联。

※ 任务实施

★ 拾趣

1. 小游戏

同学们背对着讲台，10 位同学轮流上台说一段开场白（内容自拟，但要点出主题），在座的同学将你听到的主题和同学的姓名对应起来，写在纸上，看看谁的声音最有特色。

★ 入境

2. 我在现场

假设你是校园电视台"校园热点栏目"的主持人，请针对校园中发生的事情，模拟采访老师和同学，可用手机将采访过程拍摄下来，在口语训练课时全班观看。

★ 下水

3. 试一试

在校园歌手大赛最后决赛阶段最后一轮比赛中，以最高分晋级的赵林同学因为紧张唱第一首歌时忘词了，他突然宣布退出比赛，并愤然离开了舞台。

你作为大赛的主持人将如何来化解尴尬局面并让比赛继续下去呢？

→ 综合自测　校园达人

※ 活动导入

江南商学院财务管理专业十个班组织了一次校园口才综合能力大赛，本次大赛的目的是锻炼班级同学们当众讲话的能力，为此学生会设计了一个活动方案：校园达人。让我们都来比一比吧！

※ 活动要求

- 本次大赛分别从四个方面来进行考核：介绍、解说、演讲、主持；
- 本次大赛采用全口试形式，除需要抽签的题目外不提供文字稿，参赛者需仔细聆听题目要求；
- 参赛者自备纸笔，在听到题目后可列写发言提纲。

※ 活动描述

一、活动目标

1. 聆听目标：听懂题目要求，听清题目内容，理解题目含义。
2. 表达目标：能够根据题目要求做出相应的表达，内容充实、思路清晰、口齿清楚、富有表现力。

二、活动过程

1. 与众不同的我（20'）

要求：用三句话做自我介绍，突出自己与众不同的地方，时间不超过4分钟，不少于2分钟。

2. 我是解说员（20′）

要求：提供几段视频，请抽取其中的一段来作一次 3 分钟的解说。可以从视频的画面、内容、含义和创意亮点等角度来进行讲解。

① 《放下手机》 ② 《放下手机》 ③ 《可口可乐》 ④ 《麦当劳》

⑤ 《苹果》 ⑥ 《瑞士度假胜地》 ⑦ 《央视公益广告》 ⑧ 《鼋头渚风光》

3. 听我来演讲（30′）

要求：抽取一个话题，做即兴演讲，时间不超过 5 分钟，不少于 3 分钟。

① 针对一个时事热点、社会事件或社会现象，发表自己的看法。

② 以《当幸福来临时》为题目，设计一段演讲。

③ 你是一位刚加入某公司（公司的性质可自己定）的职员，请代表所有新员工发言。

④ 在一次主题为"时间去哪儿了"的班会课上，你被邀请做发言。

⑤ 以《××我想对你说》为题，选择在场的某个人，发表演讲。

4. 我来当主持（30′）

要求：请你作为毕业晚会的主持人，设计一段开场白和结束语。时间不超过 5 分钟，不少于 3 分钟。

三、活动评价估量表

项 目 分 类	测 评 项 目	得　　分
与众不同的我	1. 讲出完整的三句话。	2分
	2. 口齿清楚，普通话标准，语气自然。	4分
	3. 突出个性特征。	4分
我是解说员	4. 口齿清楚，普通话标准，语气自然	5分
	5. 阐述条理清晰、形象生动，有一定的见解	10分
	6. 体态得体，手势自然	5分
听我来演讲	7. 口齿清楚，普通话标准，语气自然。	5分
	8. 体态得体，手势自然。	5分
	9. 内容充实，思路清晰。	10分
	10. 富有感情色彩。	10分
我来当主持	11. 紧扣"毕业"这个主题设计内容。	10分
	12. 口齿清楚，普通话标准，语气自然。	5分
	13. 语言富有感情色彩，能吸引人。	10分
	14. 体态得体，手势自然。	5分
总　　分		
评　　价		

社会职场篇

知识要点

　　时光流逝，转眼临近毕业，即将踏入职场的你是否有些告别校园的伤感，又是否有些初涉社会的彷徨。有人说，人生的奇妙就在于未来有着许多不确定性，这成为你不断突破自我的动力；也有人说，今天的细节决定着未来的方向，十年后的生活来自于十年前一个小小的习惯；还有人说，机遇总是垂青有准备的人。如果职场是残酷的战斗，那么请你在上阵前好好磨砺自己；如果职场是华丽的盛宴，那么请你在赴宴前好好装扮自己；如果职场是成长的土壤，那么请你首先成为一颗能发芽的种子。

模块五 ——求职方略

※ 项目引领

当你在求职路上奔波，满怀信心地设计毕业作品、制作简历，参加一次又一次的招聘会或面试，却依然没有着落的时候，你是否又会感慨时间的流逝，遗憾学生时代没有掌握更多的知识和技能。也许，每个人在踏入职场前都会有所迷茫和顾虑，现在，让我们来学习求职应聘的技巧，助你轻松应对未来。

※ 项目目标

1. 求职面试时能够流畅准确地进行自我介绍，为招聘方留下良好的第一印象；
2. 在拜访与接待中使用正确的礼仪用词，动作、表情得体自然；
3. 学会站在他人的立场上说服对方。

→ 任务一　求职

※ 情境导入

李林是商务英语专业毕业的学生，他想从事销售一职。一天，李林接到某公司人事的电话，希望他去面试。李林觉得这是一家没名气的小公司，也就没做什么准备。第二天，去公司的路上，突然想起昨天没问清楚公司的地址，于是打电话给那位人事，人事告诉他在什么路上，坐几路车，可是李林依然不知道，电话中反复询问详细路径。

到了公司，李林发现来面试的已有 5 个人，他一声不响地坐在那 5 人旁边。面试官开始发问了，李林每一次都抢先回答，回答机智幽默，考官也时时点头认可，可当面试官希望求职者针对公司的产品谈谈特点时，李林不禁为自己捏了把冷汗，他平时对几家大公司做了详细的分析，对这类小公司他没有做过任何功课，还好他的应变能力较好，把一般产品普适的特点说了一遍，面试官再次对他点头，他自我感觉非常良好。最后，面试官问："你们有什么问题要提吗？"李林想了解这家公司的待遇如何，再决定是去是留，就提了一些有关薪资、福利、假期等的问题，考官耐心地回答了他。几天后，李林接到公司人事的来电，很遗憾地告诉他，他未被录用。同学们，你们知道原因吗？

※ 任务要求

- 了解求职应聘的注意事项；
- 做好求职应聘前的准备；
- 掌握招聘面试的应对技巧；
- 模拟招聘面试现场，进行实战演练。

※ 知识准备

一、求职的含义

求职，是利用自己所学的知识和技能，来向企事业单位寻求为其创造物质财富和精神财富，获取合理报酬，作为物质生活来源的一种过程。求职的最终目的都是为了谋取职位。伴随求职的是应聘的过程，即在获知用人单位人事需求的情况下进行的自我推荐，在有限的时间里展示自己的特点和优势，表达自己获取职位的愿望，从而达到用人单位能录用自己的目的。

二、求职的准备

求职前需要做好充分的准备，既要准备好自我推荐的材料，注意提升自我形象，提高表达技巧，掌握面试应对的策略，也要对所应聘的公司有全面地了解。

（一）认识自我，明确目标

求职前首先要对自己有充分的认识。其次，要明确求职的目标，选择能够让自己有更多发展空间的职业，还是相对稳定的职业；是找与本专业相关的职业，还是只要我能做的都去尝试一下；是不管什么机会先就业再说，还是一定要找到适合自己的工作才就业……这些都是具体而现实的问题，如果在就业前没有一个明确的目标，盲目上阵，必定毫无收获。

此外，还要树立信心，对于可能出现的困难，要有迎难而上的勇气，不要被第一次面试的失败打消你的积极性，善于总结失败的原因，多学一些面试应对的方法，将每一次失败都当作积累经验的时机。

（二）掌握信息，完善资料

求职前要针对自己的情况，通过各种途径广泛地搜集各类信息，如公司的企业文化、社会地位、业务范围、发展前景、培训情况和岗位情况等，对人才的专业背景、能力学历、是否有工作经验及年龄、性别、性格等方面的要求。信息的准备可以在网上有针对性搜集，也可以通过招聘会等场合来搜集。所以，及时掌握各招聘会的信息，积极参加招聘会，是非常必要的。

在你对招聘单位情况有了较为深入了解之后，可以开始着手准备自己的资料了。递送简历是让公司了解你的第一步，可以说是你敲开公司大门的第一把钥匙，简历不一定要做得精美，但内容一定要充实，并且能真实地反映你的优势、特长。一份完整的简历应包括学校统一发放的推荐表复印件；个人简历，务求简明、扼要、真实、准确，突出特长，条理清晰；求职信，格式规范，用语准确诚恳，内容有针对性；各类证书复印件，不求多，但求精，尽量放一些反映专业技能情况的证书，要突出你的专业素质。有些单位还需要附上在校期间各门科目的成绩表，要注意将主要科目、专业课成绩放在前面。

（三）训练表达，提升形象

应聘面试是一种特殊场合的人际交流，良好的口语表达、合理的服饰搭配、出众的气质形象都能留给面试官良好的印象。平时自觉进行口语训练，练就一副好口才，面试时才能应对自如。面试前为自己准备合体的套装，化一个自然的妆容，这些都有利于增强你的自信心。当然，罗马不是一天建成的，良好的形象气质也不能在短时间内塑就，我们应有意识地培养自己良好的行为习惯，丰富自身的内涵，提升文化素养。

三、应聘面试的具体要求

（一）面试前

接到通知面试的电话时，应有礼貌地仔细确认时间、地点，如对公司地址不熟悉，应尽量自己想办法解决，有条件的话，最好提前熟悉一下环境，以免第二天因找地址而耽误时间。

准时到达面试现场后，应面带微笑礼貌地和面试官及其他应聘者打招呼。用人单位进行面试前，一般会介绍一些企业情况，这时即便你对该企业非常熟悉，也应当关闭手机，仔细聆听，认真填写相关表格，字迹要工整。

（二）面试时

面试开始时应双眼直视正在提问的面试官，聆听问题，回答时使用标准普通话，口齿清楚、语言流畅，反应机敏、条理分明，但又不能咄咄逼人。表情自然，面带微笑，既不能显得紧张拘谨、死板冷漠，也不能不拘小节、过于夸张。

有时面试的过程看似是几个人在做讨论，通过这种形式，面试官考查的不但是你在专业问题上的独创性，更多的是考查你是否有积极的参与意识和良好的团队合作精神。在表达观点时，一定要清楚、明确地说出自己的想法，不要人云亦云，随意附和，或因插不上话，干脆默不作声，更不能打断他人的回答，一个人滔滔不绝，不给别人机会。有礼有节地展示自己的能力才能被他人所欣赏，同时，也展现出你良好的团体合作精神。

问题回答完之后，有些面试官会给予点评，此时应有礼貌地表示感谢，即便是面试官说了一些批评的话，也要乐意接受。如果你对自己的想法有充分的把握，可委婉地表示商榷，或者在面试结束后，私下与面试官交流，千万不要让面试官下不来台。

（三）面试后

面试结束并不意味着一定会出结果，无论对自己表现是否满意，都不能掉以轻心，依然要有礼有节地与面试官道别，不要将喜悦或失望的情绪表现在脸上，做好等待各种结果的心理准备。回去后，可回顾本次面试的情况，总结成功和不足，为下一次面试积累经验。接到公司录取的电话，千万别得意忘形，应有礼貌地感谢对方，询问报到时所携带的东西；如未被录取，也不要无理取闹，询问理由，在表示遗憾的同时，依然要感谢对方给你这次面试的机会等。

四、应聘面试的技巧

（一）介绍自己

"请说说你是怎样一个人？""请你描述一下自己。"

这两个问题是面试中常见的介绍自己基本情况的问题，也是面试的必考题目。介绍内容要与个人简历相一致，回答问题时切中要害，不谈无关、无用的内容，重点在于介绍自己的优点与特长，还可以通过实例来说说专业素质、技能水平、为人处世、合作能力等。当然巧妙地介绍一些自己的缺点与短处也是必要的，以表现客观性。所谈的短处不能与求职岗位的基本要求相冲突，如你想做一名销售员，就不能说"我不善与人打交道"，因为销售就是一个与客户打交道的岗位。

（二）认识自己

"你的缺点是什么？""你有过什么失败的经历吗？"

每个人都有自己的劣势和失败的经历，这个问题回答的关键在于求职者是否对自己有一个正确的评价，对自己是否有足够的了解，心理是否足够成熟，以及是否有继续学习改进的愿望。通常，面试官会要求考生通过具体事例来回答，求职者难以临场编造一个具体的例子，因而答案更为可信。如果你诚实地交代了"我因为不善言辞而失去了××工作的机会"，那同样等于你放弃了这个新的工作机会。

如果你是一个应届毕业生，就可以直接回答："我相信我有足够的理论知识和专业能力，但是我的工作和社会经验不足，人脉也有所欠缺……"这样的答案符合毕业生身份的定位，也符合实际情况，面试官便会觉得你谦虚诚实；而如果你应聘一个工业设计专业的工作，这个专业要求做事一丝不苟，你可以说"虽然艺术是讲究缺憾美的，但我总觉得自己要求过于完美，不允许自己有一丝的差错，当然，我希望在未来的工作中能多注意一些变通"。总之，一切回答取决于你的实际状况和你对自己的定位。

（三）认识对方

"你是从哪里知道我公司的？""你为何要选择我们这样的中小型企业？""你对我们公司有些什么了解？"

一般提这类问题的都是不太出名的中小企业，目的在于试探求职者对该公司情况的了解程度，另一方面，企业也希望从考生的回答中听到一些对本企业肯定的话语。在应答时详细地将自己调查和搜集所得相关信息告知对方，以示自己对对方的重视，使对方有一种"满足感"。如果是一些知名企业问这样的问题，我们在回答时可稍微提及该企业的知名度、表达自己的敬意等，迎合对方的自豪感，但不能流露出是因为该企业知名度高、社会声誉好我才来应聘的意思。

（四）人际关系

"你希望和怎样的上司（同事）一起工作？"

这是一个考量你人际交往能力的题目，其目的并不是要听你真的说出对上司或同事的评价。因为人无完人，如果恰好你的上司或共事的团体并不是你理想中情况，那么你该怎么办呢？面试官通过应聘者对上级或同事的"希望"可以判断出应聘者对自我的要求，最好回避对上级或同事的具体的评价，多谈对自己的要求，如"作为刚步入社会的新人，我应该多要求自己尽快熟悉环境、适应环境，而不应该对环境提出什么要求，只要能发挥我的专长就行。而我也相信贵公司有和谐的工作氛围、友好合作的团队"。

（五）工作态度

"单调、枯燥的工作你也能做好吗？""岗位与专业不对口怎么办？""是否愿意加班？"

实际上好多公司问这类问题，并不意味着你一定要去做这些工作，或并不是说你一定会加班，只是想测试你是否有一个乐观平常的心态，去看待任何岗位的工作，以及是否愿意为公司作出奉献。回答这类问题首先要让公司明白你对他们这样安排的理解，其次控制自己的语气，既不要轻易表示赞同，也不能流露出不满情绪，可以这样说，"有些工作看似简单重复，但其中也有许多值得去学习和掌握的东西，兴趣是最好的老师，全身心地投入进去，才能发现乐趣。此外，作为新人，只有做好公司要求做的事情，才能去做自己想做的事"，"如果是工作需要我会义不容辞加班，我现在单身，没有任何家庭负担，可以全身心地投入工作。但同时，我也会提高工作效率，减少不必要的加班"。

（六）关于薪酬

"你的期望薪资是多少？"

恭喜你，如果被询问这个问题，说明你被录用的可能性很大。在回答之前应该明白的是，其实每一个公司都有自己的薪酬体系，初入行的新人，如果不是公司不可或缺的人才，不可能就薪酬问题有太多讨价还价的余地。这个问题背后没有隐含的意义，只要你对自己和本岗位估价正确即可。想要获得比较公平的薪酬，只有一个方法：在面试前进行市场调查，了解一下本行业本岗位的平均薪酬水平，不要在没有依据铺垫的前提下直接说"我想要月薪多少"，也不要主动询问薪酬。可以这样回答，"我对工资没有硬性要求，我相信贵公司在处理我的问题上会友善合理。我注重的是找对工作机会，所以只要条件公平，我不会计较太多"。

（七）最后一问

"你还有什么要问的吗？"

看似轻描淡写的最后一问，实则暗藏玄机，最后一问是你化被动为主动的一个时机，一般人往往会在面试结束前有所松懈，常常条件反射式地说了句"没问题"，但你要知道大多数应聘者在面试过后都是介于录用或不录用的考核中的，而答好"最后一问"可以为应聘者加分，力挽狂澜。回答"没问题"，不仅等于主动放弃了最后的机会，苛刻的招聘主管还可能会给你打上"对公司和职位漠不关心，或者思维不够灵活"的标签。一般可以设计"公司是否有岗前培训，如果有，大约多长时间""是否有资深的人员能够带领新进者，并让新进者有发挥的机会""公司是否鼓励在职进修""能否为我介绍一下工作环境，或者我是否有机会能参观一下贵公司"等问题，千万不要逼问公司"我能否被录用"等问题。

◆ 求职应聘训练实录

某公司招聘面试，人事经理对小刘的表现颇为赞赏，但得知小刘无工作经验时，人事经理决定放弃："今天就到这里，如有消息我会打电话通知你。"小刘听了，向经理点点头，从口袋里掏出一元钱双手递给经理："不管是否录取，都请您给我打个电话。"

人事经理从未见过这种情况，问："你怎么知道我不会给未录取者打电话？""您刚才说有消息就打，那言下之意就是没录取就不打了。"

人事经理对小刘产生了浓厚的兴趣，问："若你未被录取，我打电话，你想知道些什么？""请您告诉我，我在哪些方面未达到你们的要求，我好改进。""那钱……"小刘微笑道："给没有被录用的人打电话不属于公司的正常开支，所以由我付电话费，请您一定打。"经理笑了笑说："请等会儿，我请示一下区域经理。"区域经理了解了事情的来龙去脉后，对人事经理说，请把钱还给小刘，不用打电话了，现在就通知她，她已被录取了。

以上是求职面试中抓住最后契机获得成功的案例。

求职的不利因素：<u>没有工作经验。</u>

展示亮点：<u>好学、热情、有礼有节，能站在公司的角度看问题。</u>

"没有工作经验"这个问题客观存在，一时无法弥补。然而，求职也是一种自我营销，问题与不足可以通过一些细节来弥补，小刘的做法向公司展示了自身的亮点，这比有工作经验而无工作热情的人更受欢迎。

◎ 资料卡片

求职应聘的要求

一、面试前充分准备：明确目标、完善资料、提升形象

二、面试时有礼有节：言语清晰、反应迅速、展现优势

三、面试后总结经验：调整心态、分析成败、再作准备

※ 任务实施

★ 拾趣

1. 小测试

测测你的职业倾向

测试说明：我适合从事什么职业？请进行以下职业倾向的测试，每题有两种选择：A

"是"与 B"否"。

第一部分

① 墙上的画挂不正，我看着不舒服，总想设法将它扶正。（　　）

② 家用电器出了故障时，我喜欢自己动手摆弄、修理。（　　）

③ 我做事情总是力求精益求精。（　　）

④ 我对一种服装的评价是看它的设计和面料而不关心是否流行。（　　）

⑤ 我能控制经济收支，很少有"月初松、月底空"的现象。（　　）

⑥ 我书写整齐清楚，很少写错。（　　）

⑦ 我不喜欢读长篇大作，喜欢读杂文、小品或散文。（　　）

⑧ 闲暇时间我爱做智力测验、智力游戏一类题目。（　　）

第二部分

⑨ 我不喜爱那些零散、琐碎的事情。（　　）

⑩ 以我的性格来说，我喜欢与年龄较小而不是年龄较大的人在一起。（　　）

⑪ 我心目中的另一半应具有与众不同的见解和活跃的思想。（　　）

⑫ 对于别人求助我的事情，总尽力帮助解决。（　　）

⑬ 我做事情考虑较多的是速度和数量，而不是在精雕细刻上下工夫。（　　）

⑭我喜欢"新鲜"这个概念，例如新环境、新旅游点、新同学等。（　　）

⑮我不喜欢寂寞，希望与大家在一起。（　　）

⑯ 我喜欢改变某些生活习惯，以使自己有一些充裕的时间。（　　）

测评标准：选"A"加1分，选"B"加0分。

测评分析：

第一部分得分小于第二部分得分：是一个肯钻研、很谨慎、理性的人。适合的职业：律师、医生、工程师、编辑、会计师等。

第一部分得分大于第二部分得分：善于与人交往，思想较活跃。适合的职业：服务员、艺人、采购员、推销员、记者等。

第一部分得分约等于第二部分得分：兼具以上两者的特点。适合的职业：美容师、美发师、护士、教师、秘书等。

★ 入境

2. 练应对

"请谈谈你的缺点"，这是应聘面试时比较棘手的常见问题，如果你有以下缺点，请你将它巧妙地转化成优点：

（1）我脾气太急；

（2）我有时过于主观；

（3）我生来胆小、怕羞，没见过大世面；

（4）有人说我抠门儿，用钱太吝啬。

★ **下水**

3. 招聘会

同学们，让我们穿越到招聘会现场，零距离感受招聘面试的氛围吧。

（1）根据自己的专业情况，假想出一家公司某些岗位；

（2）选择五位同学作为招聘面试官，这五位同学分别扮演公司五个部门的领导人；

（3）面试官在招聘会前写一则招聘启事，上面列出职位名称、岗位要求等，岗位可以有多个，招聘启事于课前先行贴出；

（4）五位面试官从本部门角度出发准备问题，每人一个问题，每个问题满分 20 分；

（5）求职同学根据招聘启事的要求自行准备材料。

→ 任务二　拜访

※ 任务导入

小王和小张初中是同班同学，教师节前，他们打算一起去拜访初三的班主任。考虑到老师白天要上班，小王提议将拜访的时间放在 5 点以后，因为这个点老师肯定会在家的。为了给老师一个惊喜，他们事先也没有跟老师联系。到了老师家，老师对他们的到访既高兴又惊奇，只好一边做饭一边与他们聊天，并留他们吃了晚饭。晚饭后，老师放弃了辅导孩子功课和自己备课的时间，继续陪他们聊天，直到 9 点多，他们才离开。

这是一次成功的拜访吗？

※ 任务要求

- 明确拜访的基本要求，掌握日常拜访的技巧；
- 明确拜访中不受欢迎的言行，懂得为人处世的基本道理；
- 听记训练，提高日常拜访的能力，做到拜访有礼，接待有节，语言得体，行为规范；
- 通过拜访，构建和谐人际关系。

※ 知识准备

一、拜访的性质

拜访是指为了礼仪或某种特定目的而进行的访问，无论是私人交往还是公务往来、商务活动等都会涉及拜访，可见拜访作为一项应用范围广泛的活动，在社交活动中扮演着非常重要的角色。

二、拜访的基本要求

1. 充分的访前准备

拜访前要选择合适的拜访时间和地点，尽量避开对方工作最繁忙的时间段和需要休息的时间段，私事不要在工作时间和工作场合讲，公事最好不要在私人时间和私下场合谈。一般来说拜访时间有四不宜：清晨、用餐、午休、深夜均不宜登门拜访。

拜访前要了解拜访对象，明确拜访的目的。如果是对客户的拜访，应对客户的职业、兴趣爱好、消费需求及购买力等各方面进行详细了解，根据客户特征制定详细的计划，力求通过拜访建立事务上的往来；如果是私人之间的拜访，则不需要如此复杂，提前预约告知拜访目的即可。

拜访前还要注意修饰自己的形象，跟朋友关系再好也不能穿着睡衣就往人家家里跑。正式场合的拜访更要注意服饰搭配，穿着过于休闲随意是对拜访对象的不尊重。

2. 得体的拜访语言

不同形式、不同目的的拜访，语言会话各不相同，但他们在结构上存在着共性，就日常拜访而言，一般有进门、寒暄、晤谈和告别这四个阶段，要注意各个阶段的拜访语言的要求。进门语和寒暄语要充分体现出对对方的尊重，如果对方对你不熟悉，应有礼有节地介绍自己。晤谈语要紧扣主题，有问有答，条理清楚，不枝不蔓。私人之间的晤谈可以稍微随意些，保持轻松愉快的气氛。告别语应合乎礼节，留有余地，为下一次拜访做好准备。

3. 其他注意事项

（1）万不得已做了不速之客，一见面就要说："真抱歉，没打招呼就这么跑来了。"

（2）拜访时交谈的用语和口气，不但要顾及对方的辈分、地位等，还要看相互间的关系。

（3）拜访者不要忽略适当同主人的家属交谈。

（4）如果是多人拜访，不要一个人抢着说话，要让大家都有机会说话。

（5）说话时做到"三控制"。控制时间，用言简意赅的语言说明自己的来意，以免耽误主人过多的时间。一般说来，交谈时间以半小时为宜（朋友之间的随意性拜访除外）。控制音量，保持适度，千万不要敞开嗓门儿说话。控制体态，应举止文明，避免如得意时手舞足蹈，不安时频繁走动，痛苦时捶胸顿足、号啕大哭，或说话时指手画脚等不雅动作。

（6）对主人的敬茶、敬烟应表示感谢，如有其他需求应征求主人意见。

（7）遇到另有来客，应前客让后客，说"对不起，我有点事。你们谈吧，我先走一步了"或"对不起，我有点事，失陪了"。

三、拜访的技巧

拜访作为口语训练的一部分内容，我们更多的是从语言技巧上来谈这个问题。

1. 进门语

一般情况下有礼貌地打招呼，如"一直想来拜访您，今天终于如愿以偿了""不好意思，给你添麻烦来了""我来晚了，让你久等了"。

重访是关系趋于密切的表现，一般只需简单地说"老同学，好久没来看你了"或者"我们又见面了，真高兴"。

进门语还可以和有关内容联系起来，如"听说你生病了，今天特意来看看你""听说你当爸爸了，特意来看看你家小子"。

2. 寒暄语

寒暄是问寒问暖的意思，在社交活动中，它带给人们的是关心、亲切和温暖之情，它是人们为了正式交谈所进行的感情铺垫，好的寒暄可以为后面的交谈创造良好的氛围，它是双方沟通感情的桥梁。

人们交谈时习惯从生活中的常见现象谈起，如天气、饮食、事业、健康等。如拜访时有老人孩子在场，可以从老人的身体和小孩的成绩说起，教育和医疗是中国人最为关心的两大问题。也可以根据双方的共同爱好寻找共同话题，尤其是对方感兴趣的话题。如主人在听交响乐，可以和他谈谈贝多芬、莫扎特，如果你对这些不在行也不要紧，趁机可以询问，显示你的谦逊有礼。

一般寒暄语有两种表达方式：一是问候式，根据不同的对象、场合、时间进行问候；二是赞美式，赞美的寒暄语可以营造和谐愉快的气氛。

3. 晤谈语

针对双方都感兴趣的话题，深入交谈。如公司双方谈谈双方合作的目的、合作的方式及合作后的发展前景。私人交谈可以就双方都关心的一些社会热点、学术问题、娱乐动态展开讨论，也可以交流业余爱好，取长补短。

注意倾听，晤谈是互相交流的行为，作为客人不要喋喋不休说个不停，要注意听清对方说什么，根据对方的话题中心来展开交谈。

不谈忌讳的话题，特别是公务往来，不要问及对方的收入、年龄、婚姻、家庭等情况，私下场合的交谈，主人如果不先提及这些话题，也不要主动询问。

即兴说一两句幽默的话，或适度自嘲，能让你在交谈中更受欢迎，也有助于缓解尴尬的气氛。

4. 告别语

（1）同进门语相呼应

如进门语："上次托您办事，一定给您添了不少麻烦，今天特地前来拜谢。"在辞别时可这样说："再见，再次感谢您的帮忙。"

进门语："初次登门，就劳驾您久等，真不好意思。"辞别语："今天初次拜访，十分感谢您为我花了这么多时间。"

（2）表示感谢，请主人留步

客人在辞别时，应对主人的热情款待表示谢意，并请主人留步。如："十分感谢您的盛情款待，再见！""就送到这里，请回吧。""这件事就拜托您了，谢谢！"

（3）邀请对方来自己家做客

客人告辞时，除对主人表示感谢外，还可邀请主人及家属来自己家做客。"再见了，老同学，你什么时候也到我家坐坐！""感谢你们今天热情周到的接待，欢迎你们一家下次来我家玩玩。"

◆ 拜访与接待训练实录

小王和小张初中是同班同学，教师节前，他们打算一起去拜访初三的班主任。考虑到

老师白天要上班，小王提议将拜访的时间放在晚上 5 点以后，因为这个点老师肯定会在家的。为了给老师一个惊喜，他们事先也没有跟老师联系。到了老师家，老师对他们的到访既高兴又惊奇，只好一边做饭一边与他们聊天，并留他们吃了晚饭。晚饭后，老师放弃了辅导孩子功课和自己备课的时间，继续陪他们聊天，直到 9 点多，他们才离开。

现在让我们回到开篇的问题，小王和小张的这次拜访有哪些地方做得不妥呢？

拜访前：没有充分准备，既没有和老师约定好时间，询问对方是否有空，也没有想好要和老师谈些什么话题。

拜访中：没有顾及到被拜访对象的实际情况，及时结束拜访。

作为被拜访者，当遇到这种突如其来的拜访，该如何协调好家庭事务和接待来访者之间的关系呢？

老师在做饭时可以说："你们来得这么突然，我都没什么准备，早知道多买点菜了，今天就不留你们吃晚饭了，下次请你们好好吃一顿。"

晚饭后，老师要辅导孩子功课，可以说："时间也不早了，你们的功课做完了吗？早点回家吧，爸爸妈妈肯定在等你们了，下次找个节假日我们多喊几个同学好好聚聚。"

> ◎ **资料卡片**
>
> **拜访的注意事项**
>
> 一、不做不速之客　二、用语得体　三、顾及他人　四、控制言行　五、礼貌应对
> 接待的注意事项
> 一、仪表得体　　二、态度热情　三、受礼有方　四、真诚应答

※ 任务实施

★ 拾趣

1. 说说看

（1）寒暄语是沟通的开端，你能想到哪些寒暄语呢？练习要求：1分钟内尽可能说出10句寒暄语，越多越好。

（2）大街上有人跟你打招呼，你觉得他很面熟却想不起是谁，这时你可以用哪些方法来化解尴尬？

★ 入境

2. 找茬儿

下面这段场景，有哪些不妥的地方呢？

刘岩是一家空调企业的推销员，他了解到有一位客户是他的老同学余江，于是打算去拜访并推销公司的新产品。到了余总办公室，刘岩一看到老同学就喊了起来："小江子，你还记得我吗？"此时秘书尚未走开。余江让秘书倒两杯茶来，两人边喝边聊，刘岩拿出一包烟递给余江一根，自己点了一根抽了起来。他们聊了许多学生时代的旧事之后，

刘岩终于说到了今天来拜访的主要目的，他开始介绍公司的产品。中间，余江问了价格和效果，他对价格似乎很吃惊："这个产品的价格比一般空调贵很多啊，效果估计差不多！"刘岩进一步介绍说："这个产品可以用与敞开式环境而且运行成本非常低。"可是余江又觉得风太大了，会把东西吹得到处都是。临近午饭时间，见老同学没有留饭的意思，刘岩只能告辞了。

★ **下水**

3. 练一练

（1）你有件事需要母校的一位老师帮忙，可是在校期间你和这位老师接触不多，毕业后也没多少往来，为了避免拜访时的突兀，如何设计和老师的见面语呢？

（2）你去拜访一位在小学里工作的学姐，想让她在暑假为你介绍几份家教。学姐是个健谈的人，见到你很高兴，拉着你聊了很多话，从回忆当年的学校生活谈起，一直讲到目前自己的工作现状，学姐聊得眉飞色舞，你该怎样截住学姐的话，讲出自己此次拜访的目的呢？

（3）你为学校的篮球比赛拉赞助，以送实践报告的名义来到暑假实践单位的经理办公室，你怎样为拉赞助的事起个头呢？如果经理拒绝了你的请求，你会怎样应对呢？

（4）春节期间，你的好友把这次探亲旅游的最后一站安排在你家，多年未见你俩经过半天叙旧之后，得知好友将去国外继续深造，分别时你将怎样表达对她的祝愿呢？

→ 任务三　劝说

※ 任务导入

徐珊珊：林静，马上就要期末考试了，可是最近一段时间我觉得学习有点跟不上，几次测验下来成绩也不理想，而学生会的宣传任务又这么重，黑板报、海报的美工和文稿都是我一个人负责，我恐怕一个人做不过来，真想辞去宣传部长的职务。

林静：珊珊，你一直是我们学生会的宣传部长，新招进来的几个干事还想再跟你多学点呢，宣传部缺了你我们系的宣传工作就要大打折扣了，要不你推荐一个跟你一样写字画画都拿得出手的人选给我，可以吗？

徐珊珊：我也找不到人呢！

林静：所以说嘛，你是无可取代的。学习的问题我来帮你，反正咱俩是同一个专业的；黑板报和海报的美工可以分配给几个干事来跟你一起做；文字呢只能你多担待写了，谁让你是我们系里的大书法家呢。

徐珊珊：那好吧，我尽力协调好学习和工作的关系。

徐珊珊一直是学生会宣传部长，她工作能力强，有绘画的特长，字写的也很漂亮。最近一段时间由于工作太忙，她的学习成绩有所下降，为此她想辞去宣传部长的职务。可是学生会主席林静一时又没有合适的人选，她通过有效的劝说把徐珊珊留了下来。

※ **任务要求**

- 了解劝说的性质，体会劝说在日常交往中的必要性；
- 能够把握劝说时的正确态度，掌握劝说的技巧；
- 听记训练，提升劝说的实际运用能力。

※ **知识准备**

一、劝说的性质

劝说，是在一定情境中，个人或群体以充分的理由，通过语言表达来说服对方同意某事某观点或放弃某事某观点，从而达到预期目的的一种交际表达形式。劝说是工作与生活中经常会出现的交流过程，有时要经历多次劝说和被拒绝的过程才能达到最终目的。

二、劝说的基本要求

1. 把握劝说"三阶段"

哈佛大学心理学教授赫伯特·凯尔曼认为，一个人从接受说服到态度转变，需要经历三个阶段：

第一个阶段为服从阶段，当事人能接受劝说者的观点，表面上转变自己的看法，暂时改变了对立的态度，其实他的认知和情感成分并没有变化；第二个阶段为认同阶段，当事人能主动接受对方观点，转变态度和行为，从认知和情感上开始认同劝说者；第三个阶段为内化阶段，当事人已真正从内心深处相信和接受对方的观点，彻底改变自己的态度，并把对方的思想观点纳入自己的价值体系之内，使之成为自己态度体系中的有机组成部分。

明确说服的"三阶段"，我们在进行劝说时不用操之过急，掌握好对方的心理变化轨迹，才能按部就班，一步步由劝说走向最终的说服。

2. 提高劝说者信誉

信誉包括两大因素——可信度与吸引力。

可信度由劝说者的权威性、可靠性以及动机的纯正性组成。举个生活中最常见的例子，当顾客和营业员发生矛盾而无法协调时，顾客最常说的一句话是"叫你们领导来"，因为，领导在他眼里就是有能力解决问题的人，是权威性和可靠性的代表。劝说者在进行劝说时不但要显示权威性和可靠性，还应当让对方感觉自己动机纯正，站在对方立场上说话，说话方式亲切随意，有时故意让对方间接获得信息这些都是劝说的基本方法。

吸引力主要指说服者外在的形象气质，一般有亲和力的劝说者更能为对方所接受。

3. 了解劝说对象

劝说和批评一样也要讲究因人而异，对急躁型的人进行说服，要心平气和先稳定住对方的情绪再来劝说；对自尊心强的人进行说服，要多加关怀和尊重，让他充分感受到自己的重要性之后再进行劝说比较容易达到目的；对感情细腻的人进行劝说，要做深入细致的工作，在摆事实、举例子中达到劝说的目的。

4. 把握劝说时机

心理学研究表明，人的心境不同，对否定性意见的接受程度也不同。要善于选择他们心境最佳的时机，比如，在他们取得成功时、有意外收获时等等。

5. 营造说服氛围

人在宽松、温和、优雅的环境中心情比较舒畅，听觉也比较敏锐，因此，选择劝说的环境很重要。这也是人们常在咖啡馆谈生意，而不是去酒吧间、K歌房谈生意的原因。

三、劝说的技巧

1. 推己及人

要想说服对方改变主意，就要站在他人的立场上考虑问题，从关心、爱护对方的立场出发，设身处地地为他着想，使对方理解你的诚意和善意，从内心感到你是和他"坐在一条板凳上"同舟共济的，从而寻求思想感情上的共鸣。所以，你如果要劝说一个人去做某件事，最好在开口之前先问问自己："如果我是他，我需要的是什么？"不了解对方的意愿，光想自己认为怎么好就怎么做，难免导致交际的失败。

2. 投其所好

每个人都有自己想问题的观点和角度，有自己特定的意愿和需求，如果直截了当地提出意见，往往会让对方产生抵触情绪。站在对方的角度考虑问题，让对方觉得你为他着想，解除警惕，这便于谈话进一步进行下去，在轻松融洽的交谈中达到说服的目的。

案例：

某文化单位一位领导人是个"瘾君子"，每逢开会时，在场的人都苦不堪言。有一天，他的一位下属打算给他提意见，说："院长，抽烟损害身体健康，如果您这样不停地抽下去，像您这个年龄，过不了多久，身体就会垮下去的。如果您的身体不允许您继续工作，从目前情况来看，咱们单位还没有合适的人选来接替您的职位。您应该为咱们单位、为大家想想呀！"听了这番劝告之后，那位领导在开会时再也不抽烟了。

3. 现身说法

用说服者自身经历过的事情及其经验教训，对人进行启发和诚喻，缩短主客体的心理距离，使对方在自觉的对比中产生心灵的共振，具有很强的说服力。如在购买商品时，我们常听到推销员说："这个牌子我经常用，很方便。最近家里刚用完，我待会儿也要买点回去了。"讲自己的经历，比转述别人的经历更容易打动人，它能让对方在短时间内对你产生信任感，以委婉的方式达到劝说的目的。

4. 直陈事实

摆事实、讲道理是我们常用的劝说手段，"事实胜于雄辩"，用事实说话，比空泛的理论要有效得多。事实可以让你抽象的观念清楚、有趣，且具有说服力。

用事实说服人，要注意以下两点。第一是要真实，只有真实的事例才具有说服力。要让事例显得真实可信，除了尽可能说出事件所涉及的人物姓名、发生的时间地点外，还要尽量把事实说得具体、确切一些，千万不要出现张冠李戴的现象。第二是要富于人情味，只有富于人情味，才能打动人心；而能打动人心，才能说服人。

5. 诱导说服

正面说服别人有一定的难度时，不妨暂时远离话题，向对方谈论另一件看起来与之毫不相干的事，再诱导对方归纳出其中蕴含的道理，然后由此理渐渐切入彼理，回到原来所论之处，对方只得依常理而服气。这就是"诱导说服法"。

◆ 劝说训练实录

赤壁之战的前夕，诸葛亮对孙权说："将军，如果您认为吴、越之众能与曹操相抗衡，就应该和他断绝一切联系，下定决心抗击曹军；如果您认为无力和曹军对抗，那就不如放下武器，解甲投降，向他称臣。现在将军您表面上假装服从他，向他投降，而内心又迟疑不定，事情已经如此紧迫，但您还不做出决定，这样祸患马上就要来临了！"

孙权反问："如果像你所说的那样，兵微将寡的刘备为何不向曹操北面称臣呢？"

诸葛亮说："从前有个田横，他只是齐国的一个壮士，尚且不肯对汉高祖称臣；何况刘皇叔是汉室后裔，英才盖世，天下仰慕，怎么会向曹操称臣呢？"

这段话中，诸葛亮运用了哪些技巧来进行劝说呢？

推己及人：<u>孙权一向以英雄自居，而今若投降曹操，还算什么英雄？连势力不如他的刘备都不投降，保持英雄本色，叫他投降是万万不能接受的。</u>

投其所好：<u>无。</u>

现身说法：<u>刘皇叔是汉室后裔，不会向曹操称臣。</u>

直陈事实：<u>事情已经如此紧迫，但您还不做出决定，这样祸患马上就要来临了。</u>

诱导说服：<u>借用齐国壮士田横誓死不肯降汉的典故。</u>

◎ 资料卡片

说服的基本要求

1. 把握说服"三阶段"
2. 提高劝说者信誉
3. 了解说服对象
4. 把握说服时机
5. 营造说服氛围

※ 任务实施

★ 拾趣

1. 说一说

比较下面两种说法，看看哪一种效果更好？

A. "假如各位接纳我的提议，则公司每个月至少能节省 67 453 750 元的开支！"

B. "假如各位接纳我的提议，则公司每个月至少能节省 67 453 750 元的开支！从另一个角度来说，倘若这项节省下来的开支，能以加薪的方式平均分配给公司的每一位成员，则每一个人每一个月的工资将增加 3500 元！"

★ 入境

2. 演一演

张明劝爷爷戒烟，以下是祖孙二人的一段对话。

张明：爷爷 5 月 31 日是世界无烟日，这天全世界的人都不抽烟的，您就别抽了。

爷爷：联合国管不了咱们中国老百姓的事，我偷偷地抽一支，他们看不见。

张明：爷爷，吸烟害处大着呢，会减少寿命的。

爷爷：减少就减少吧，反正爷爷也活了好几十年了。再说抽了几十年烟身体仍好好的，只是有点小咳嗽。

张明：爷爷，您吸烟时，我们也被动吸烟了，吸二手烟危害更大。您看您吸烟不仅会损害您的身体，还会损害我们全家的。您还是别抽了！

爷爷：哦，这样啊？那以后我吸烟的时候就到屋子外面吸吧，不影响你们了，好吧？

张明：爷爷，您到外面吸会污染环境的。

爷爷：工厂排出的废气也污染环境啊，我抽支烟能有多大污染？

（1）张明始终未能说服爷爷，请你想一想，有什么好方法能说服他呢？
（2）请一位同学扮演爷爷，一位同学扮演张明，再设计一段祖孙二人的对话。

★ 下水

3. 练一练

小张在大商场某品牌服装专柜购买了一件特价服装，购买时营业员说过没有质量问题特价服装是不退换的。小张回家后将服装过了下水，第二天穿之前发现衣服上有个破洞，想想这件衣服虽然打了折也要五百多，小张不甘心便去商场要求退货。营业员一再强调特价服装不退换，只能帮她修补。如果你是小张该怎样来劝说营业员为自己退货呢？

→ 综合自测　求职路上

※ 活动导入

临近毕业，同学们都会为各自的工作奔忙：制作简历、练习技巧、了解企业……求职的过程或顺利或坎坷，不管怎样，我们总要走在求职路上。在这一天到来前，让我们通过游戏先来为未来的职场生活做准备吧！

※ 活动要求

· 活动从求职、拜访、劝说三个方面来进行考核；
· 活动采用全口试形式，除需要抽签的题目外不提供文字稿，参赛者需仔细聆听题目要求；
· 参赛者自备纸笔，在听到题目后可列写发言提纲。

※ 活动描述

一、活动目标

1. 聆听目标：听懂题目要求，听清题目内容，理解题目含义。
2. 表达目标：能够根据题目要求做出相应的表达，内容充实，思路清晰，口齿清楚，富有表现力。

二、活动过程

1. 沟通达人（20分）

要求：以下问题先写于纸上，学生抽取一题后稍做准备，用三至五句话来完成答题，每题为20分。

① 大年三十，妈妈准备了丰盛的年夜饭，你看着一大桌的饭菜，准备对妈妈说什么？

② 你应一位画家的邀请，去他家丈量画幅尺寸，并为他的画定制一个画框，他家有一整面墙都贴着他5岁孩子的画，进门后你怎样开始你们的交流呢？你能为公司多推销掉一些画框吗？

③ 一位平时学习成绩不理想，行为习惯方面也让老师们很头疼的学生，一次主动留下来把教室打扫干净了，你作为劳动委员，如何在班会上汇报此事？

④ 临近毕业，家人想让你继续读书拿到本科学历，而你觉得要先找份工作缓解家庭经济压力，请说服你的家人。

⑤ 应聘面试时，面试官对你的表现十分满意，只是觉得你没有工作经验，你怎样巧妙地来化解这个问题？

⑥ 学校举行手工制作大赛，每位同学都要交一件手工作品。你是一位手工制作能手，家里有许多现成的手工作品，你最要好的同学向你要一件作品作为作业上交，你不希望他欺骗老师，但又怕得罪他，你打算如何说呢？

⑦ 假如你是一家公司的接待处主任，总经理让你接待某职业学校来公司参观学习的师生们，你将怎样安排整个接待过程呢？

2. 情景演绎（30分）

要求：抽到题目的同学自行邀请一位同学和你配合，完成对话，时间不超过5分钟，老师根据两位同学的表现，分别评分。

① 公司突然接到一个紧急任务，领导希望小林周末能来加班，而小林以周末家中有事为由拒绝了领导要求，公司领导会怎样说服小林呢？

② 你作为学校的校企合作联络员，去某合作单位联系校园招聘会的事。当你到了

公司后，受到公司人事秘书的热情接待，请设计一段两人的对话。（请针对自己的专业来设计）

③ 在公司年终表彰大会上，你代表所在的团队发言，陈述这一年来团队的业绩，可以从合作精神、典型事例和取得成就三个方面来给予团队成员一定的赞美。

3. 面试现场（50分）

① 求职简历（15分）

准备一份求职简历，通过口头陈述来讲解简历的大致内容。

开头：你好！这是我的求职简历，请过目，第一页是_____

② 自我介绍（15分）

以求职为目的进行自我介绍。

开头：你好，我叫_____

③ 模拟面试（20分）

三位同学扮演面试官，设计6～8个问题对这位同学进行面试。

三、活动评价估量表

项目分类	测评项目		得分
沟通达人	1. 讲出完整的三至五句话。		4分
	2. 口齿清楚，普通话标准，语气自然。		8分
	3. 内容充实，达到目的。		8分
情景演绎	4. 口齿清楚，普通话标准，语气自然。		5分
	5. 体态得体，手势自然。		5分
	6. 内容充实，达到目的。		10分
	7. 反应敏捷，对话流畅。		10分
面试现场	求职简历	语言：口齿清楚，普通话标准，语气自然、流畅。	7分
		内容：个人简介、求职信、成绩表、各项荣誉及专业证书。	8分
	自我介绍	语言：口齿清楚，普通话标准，语气自然、流畅。	7分
		内容：个人简介、应聘优势（专业技能和工作能力等）。	8分
	模拟面试	语言：口齿清楚，普通话标准，语气自然、流畅。	8分
		体态：体态得体，手势自然。	5分
		内容：合理设计，目标明确。	7分
总分			
评价			

模块六 ——职场经纬

※ 项目引领

"良好的沟通能力"几乎出现在所有公司的招聘条件中。当文凭、履历相近时，沟通能力将成为决胜竞技场的一大法宝。沟通已经成为我们日常生活的主要部分，"我们说什么并不重要，别人听到什么才是最重要的"。如何拥有职场的竞争力、保持职业生涯的上升态势，正确地聆听与表达，将决定你职业生涯能达到的最终境界。

※ 项目目标

1. 能够有效使用请求、协商、谈判、推销、汇报、陈词、咨询、建议、电话、短信等沟通方式；
2. 能够自然应对职场要求，独立完成沟通交际。

→ 任务一 请求与协商

※ 任务导入

林静毕业后是一家公司的财务主管，一天，她已经向公司员工小美催了三遍财务报表，可是每次小美都说马上交，但一直没有动静。林静没有办法，就跑到与小美同部门的小邵那说："你能不能帮小美填一下报表啊，反正你也经常干。"小邵冷脸拒道："你还是让小美自己填吧。"

这时林静终于爆发了，当着所有同事的面咆哮道："你们部门怎么这样啊，一个报表催了十多天还让不让人干活了。"事后，林静觉得自己做错了。

※ 任务要求

- 了解请求、协商的性质和特点；
- 能够掌握请求和协商的内容要素；
- 能够独立进行请求和协商。

※ 知识准备

一、请求与协商的性质

请求指在人际交往中遇到问题后向对方提出要求并希望得到满足的沟通方式。

协商是指在一般人际沟通时遇见有争议、有异议的地方与对方商讨、协商以达到双方都满意的结果。

请求与协商都以沟通双方达到满意为目的，是常用的人际交往方式之一，生活工作都可以运用这两种方式。交往双方一般是平级关系或是下级对上级。

二、请求与协商的要求

请求是向别人求得帮助的一种方式，因此在请求时应当注意如下要求：

1. 礼貌的措辞：既然是请求，总是希望别人能够有所行动，因此在言语上应当彬彬有礼，不要咄咄逼人，如果对方无法答应请求，也应注意自己的礼貌回应。

2. 清晰的说明：在说明要求后，对方才能给予帮助，如果没有把事情的前因后果交代清楚或是自己的要求含糊其辞，对方很难答应你的要求。

3. 合理的要求：一般在请求前应当正确估量自己的要求是否合理，如新入职员工让老板预支一年薪水，出差职员请求公司提供贴身保镖等都属于荒谬的请求，提出这类请求既不会被认可，还损害自己的职场形象。

协商侧重的是与对方的商议、讨论而获得一致的见解，在协商时我们应当注意如下要求：

1. 宽容的态度：协商是表达者带着一定的目的倾向与倾听者之间的交流互动，交流互动可以朝着预定方向发展，也可能会反方向发展，交往双方应当保持宽容的态度，平和交流，以实现利益最大化、目标均衡化。

2. 求同存异的结论：协商双方都会以个人的目标为首要考虑，但成功的商量应当是照顾到对方的需求，因而在磨合中要允许求同存异的思维，最终的结果也许会跟预期有出入，只要能够满足双方最大化的需求，就是合理有效的沟通方式。

3. 保留合理的权益：协商不是妥协，是与对方的共识，在交流中不能一味被动服从，而忘记自己的权益，甚至牺牲自己的权益，那样就是失败无效的沟通。

三、请求与协商的要素

（一）请求的要素

合理的请求一般包含请求的事件、请求的原因、希望的结果三要素。

1. 请求的事件

请求的事件指言说者清楚明白地交代自己的请求，着意让对方听清、听明、听懂。无论是工作中还是生活中，只要是合理化的请求一般可以如实诉说，但有时如遇上难以启齿的私人请求，言说者会省略部分信息，而让沟通对方去辨别隐含的信息，一般在类似的请求前，言说者会加上"可不可以""是否"等词语。

2. 请求的原因

请求的原因应当简单明了，单刀直入，不要拖泥带水。如是难以启齿的原因应当事先说明，原因的可信度直接决定请求的结果，在请求时，原因可以放在开头也可以放在请求事项之后。

3. 希望的结果

根据请求事件的难易度，请求的结果有的是及时达到，有的是长远达到，说话者必须讲明请求需要达到的结果，不能模棱两可，或是闲话家常，不着边际。

◆ 请求训练实录（一）

请　　求

　　王燕上班才三天，但是其母亲因电动车车祸，需要人照料。王燕与母亲从小相依为命，很想请假照顾母亲，可是碍于到新公司上班才三天，实在不好意思。一天，她在公司茶水间遇见了顶头上司刘经理，王燕鼓足勇气，向刘经理说："经理，我上班第一天时妈妈骑电动车出了车祸，这两天都是我阿姨帮忙在医院照顾，我实在放心不下，想请一周假照顾妈妈，我也明白才上班三天就请假是不应该的，但与其在这心神不宁，不如等我处理完毕后再来上班，经理，您看行吗？"刘经理听完王燕的请求后，立刻说："去吧，先请一周，把工作交接好，不过工资还是要扣的。"

范例：该实录是新职员的一次合理请求，在看完这段话语后我们可以完成以下内容。
请求的事件：<u>母亲车祸，王燕必须照顾母亲。</u>
希望的结果：<u>请假一周照顾母亲。</u>
请求的原因：<u>母亲无人照料，自己担心母亲影响工作。</u>
刘经理在听明白王燕的请求后，给予了及时性的答复，虽然薪水照扣，但是王燕的请求却达成了。

◆ 请求训练实录（二）

　　周君是无锡公勤会计事务所的项目经理，工作三年来兢兢业业，但是薪水却一直没有得到大幅度的提升，出于养家糊口的需要，他来到了总经理的办公室，"经理，我想跟你说件事情，我入行三年来，每个项目都亲力亲为，并且给单位带来了效益，但是在待遇方面却没有得到相应的提高，是我的能力不行还是有哪些我做得不够周到，能否考虑给我提高下待遇呢？"经理听完后，对周君说："你的问题我知道了，我们会考虑的，先出去吧。"

范例：该实录是职员加薪的请求，这在职场中是一件非常正常的事情，我们尝试完成以下内容：

请求事件：<u>入职以来待遇没有得到提高。</u>

请求原因：<u>入职以来亲力亲为，工作认真，但待遇没有得到提高。</u>

希望的结果：<u>能否考虑提高待遇。</u>

经理在听完周君的请求后，没有给出及时性答复，而是让他回去等消息，因为薪水的浮动是个需要商议的内容，其次，周君没有要求经理必须立刻给予回答，只是用"能否"来缓和地提出自己的请求。

（二）协商的要素

友好高效的协商一般包含三个要素。

1. 协商的事件

协商的事件指双方沟通时的矛盾点。这个矛盾点是彼此必须解决的焦点，其他不重要的或细枝末节的不应作为协商的内容。在协商时应重点讲希望得到解决的或取得一致的事件，摆事实，讲道理。

2. 协商的原因

协商是以促进双方共同发展为前提的沟通。因此在协商时，彼此是带着平等、亲切的态度进行交流，并且始终要考虑双方的共同利益，协商的语气宜不卑不亢，从容镇定又不失友好。在表述原因时应当真挚而自然，应尽可能以对方的考量为协商前提，点明理由，为达成一致而努力。

3. 协商的结果

协商最终应达到一个双方满意的结果，在协商时应当将结果分析清楚，并告知对方此结果对双方的作用或重要，情理兼备地陈述结果，推己及人，说服对方。但结果必须是向前迈一步能够达到的，不可遥不可及。

◆ 协商训练实录

换 鞋

苗小姐在无锡八佰伴购入一双皮鞋，但是穿了三天便脚跟脱落。她来到八佰伴找到柜员希望退货，但是柜员执意是苗小姐自己弄坏的。苗小姐非常气愤，喊来了楼层管理人员王先生，王先生在听完双方的意见后，对苗小姐说："顾客，您好，您购买的这双鞋子属于我们的特价商品，发票上写明是不退不换的，但是出于顾客至上的宗旨，我们免费为您换跟，并保留发票。您回去穿了如果还是出现同样的问题，再来找我们，您觉得这样可以吗？"苗小姐听后，觉得王先生比较讲理，便说："那如果还是出现同样的问题，我是肯定要退货的。"王先生答应，并帮苗小姐办理了修鞋手续。

范例：该实录是顾客和营业员之间的协商，王先生是怎样成功与苗小姐达成一致的呢？

协商的事件：<u>顾客鞋跟脱落，需要退货。</u>

协商的原因：<u>发票上写明不退不换，但秉承顾客至上的宗旨。</u>

协商的结果：<u>免费为顾客换跟，并保留发票，一旦再次出现相同的问题，可以退货。</u>

苗小姐与营业员的首次协商是失败的，营业员将鞋子质量怪罪于顾客，无法与顾客协商。而王先生站在苗小姐的立场，既不卑不亢地提出发票的字据，但也申明商家的服务宗旨，与顾客达成一致：商家负责维修费，顾客不退换货品。这便是协商后双方达到的满意结果。

◎ **资料卡片**

请求的技巧

请求的事件
请求的原因
请求的结果

协商的技巧

协商的事件
协商的原因
协商的结果

※ 任务实施

★ 拾趣

1. 帮帮他

（1）林静的年假还未用，她想利用五一，请上年假带父母出去旅游，请为她写出请求的事件和请求的原因。

（2）王希和高林协议离婚，两人都想将卧室里的家具收为己用，怀念过去的时光，王希想跟高林商量家具的大部分归自己，小部分归高林，请你为她写出协商的原因。

★ 入境

2. 找线索

根据下列这则材料思考，为什么公司的职工能够按照自己的意愿与行政达成协商条约？

南通依帝经贸有限公司现有员工近 300 人，是一家生产、销售各种高品质色织面料和服装的省高新技术企业，公司于 2012 年被授予"省厂务公开民主管理先进单位"，2013 年被全国总工会授予"全国模范职工之家"荣誉称号。2006 年以来，公司每年召开职工（会员）代表大会，工会主席和董事长均要在职工（会员）代表大会上当场签订《工资集体协商协议》。每年春节前后，公司工会都会主动向行政发出邀约，同企业行政、职工进行沟通，征求意见，组织召开有公司行政领导、职工代表参加的工资协商会议。

★ 下水

3. 支妙招

（1）无锡公勤会计事务所接下了无锡博世公司的审计项目，林静听说后希望自己能够成为该项目组的成员。因为博世公司的资金审计是事务所的大项目，能够学到很多知识，林静走进了经理的办公室，她会说什么呢？

（2）无锡博世公司会计部希望能让安利会计事务所接下审计项目，但是总经理希望将项目交给公勤事务所，为此蒋会计走进了总经理的办公室，她希望与总经理协商后还是交给安利事务所，请你为她和总经理设计一段协商对话。

→ 任务二　谈判与推销

※ 情境导入

由于零售行业对刷卡消费的费率一直存有异议，众商家联合与江苏银行谈判，作为江苏银行的副经理江涛将要代表银行与商家谈判，银行方面对江涛授意不到万不得已不要答应商家对刷卡费率自行决定的要求，同时还希望江涛能试图向商家推销银行新推的保险服务。江涛该如何同商家谈判呢？

※ 任务要求

- 学会利用相应的谈判、推销语言进行切合语境的表达；
- 掌握谈判、推销的听、问、答、辨的技巧。

※ 知识准备

一、谈判、推销的性质

谈判有广义和狭义之分。广义的谈判除了指正式场合下的谈判外，还包括一切协商、交涉、商量等。狭义的谈判是正式场合下的谈判。此处我们取狭义，即有关方面在一起相互通报或协商以便找出某个重大问题的解决办法，或通过讨论对某事取得某种程度的一致或妥协的行为和过程。

推销即推广销路，推销陈货，或宣传某种理论、观念。在经济领域中，推销分为非人员推销和人员推销。非人员推销包括各种宣传媒体、登广告、公共关系等多种形式。人员推销主要依靠推销员发挥主观能动作用，运用各种说服技巧达到销售目的。这里我们侧重讲的是人员推销。

二、谈判、推销的要素

（一）谈判的要素

1. 谈判的动机

谈判总是以某种利益的满足为目标，是建立在人们需要的基础上的。当需要无法通过自身满足，必须通过与别人的合作才能满足时，就要借助谈判的方式来实现，需要越强烈，谈判的要求就越迫切。而商务谈判始终围绕着双方利益上的得失而展开。

2. 谈判的危机

谈判时，由于利益的争执，会有某一方陷入不利的境地，或是陷入急躁的情绪。有时更会伴随某种危险，但也存在机遇。谈判是双方的交际活动，双方都是机遇与危机并存，挑战与威胁共在，没有哪一方是先天的胜者。

3. 谈判的重复

谈判是寻求建立或改善人们的社会关系的行为，并非所有的谈判都会起到积极的效果，失败的谈判甚至会破坏良好的社会关系，这就会激起新一轮的谈判，而谈判的过程实际就是寻找共同点的过程，是一种解决问题、协调矛盾的过程，这就意味着谈判不是一蹴而就，需要不断协调。

（二）推销的要素

1. 推销的针对性

比如，国际市场销售有"询盘""发盘""还盘"等专业用语。推销是销售员运用各种技巧来达到销售目的的过程，但不论何种技巧，人员的专业性是顾客尤为看重的要素，为此，人员应当掌握产品的性能，推销的专业术语。如"养乐多"品牌推销的正是其有益菌的概念，"理财"产品吸引人的是它的年终分红。

2. 推销的探知性

消除各种阻碍消费者购买行动的因素，是销售的基本任务之一，完成这个任务的困难在于，不同心理类型的消费者会由于不同的原因而拒绝购买。销售人员必须了解其中的不同动机，才能对症下药，排除销售障碍，了解消费者的消费习惯就是销售人员探知消费者的心理类型的过程。

3. 推销的激发性

推销是推销人员将相关产品的信息准确地传递给消费者，并且应当保证信息在传递过程中生动新颖，具有针对性。推销是面向顾客增强信息刺激的力度，将消费者的购买意图转为购买行动的过程。在这个过程中既要营造轻松愉快的气氛，消除排拒心理，又要给予消费者感官精神刺激，激发对方购买的欲望。推销不是和风细雨的感染，而是急风暴雨的征服。

三、谈判与推销的语言特征

（一）谈判语言的特征

1. 指向性

谈判的目的是满足自己的利益需要，公平的谈判是以双赢为目的。谈判双方都代表各自的需要，坐在一起，双方紧紧围绕既定利益，你来我往，进行言语交锋。一旦进入谈判，走神分心、顾左右而言他都是没有诚意的表现。专心致志、心无旁骛、步步为营，才能成功。其语言通常都是直截了当，或曲线救国，但始终围绕目标和底线。

2. 准确性

谈判桌上一旦出现语言破绽，必将处于被动地位。无论是政论性的语言还是调侃的语言，都要注意言辞的准确、合适的语气、严密的逻辑。既不能让对方抓住把柄钻空子，也不能前后矛盾。针对对方说的关键词语要牢记在心。整个谈判过程甚至闲聊都要避免说出和关键词相矛盾的语言，甚至包括错字都最好不要出现，否则会引起对方的怀疑和指责。

3. 适切性

谈判一般选派有一定口才的优秀人才。谈判桌上，互不相让，势均力敌，往往会出现谈判的僵局，此时应当在坚持利益的基础上，把握谈判气氛，在语言表达上随机应变，选择不同的词语、不同的句式、不同的语气；语言幽默、或威胁劝诱，或用礼节性的交际语言。随时观察、分析判断气氛、适时调节，给谈判带来积极的影响。

（一）推销语言的特征

1. 礼节性

推销的实质是说服客户实现交易成功。言语生硬和简单是无法完成交易的。因此，推销人员态度上应当热情诚恳，语速不紧不慢，语气亲切柔和，用词文雅准确。多使用启发诱导句式，缩减与客户的心灵距离。推销语言中基本用语为"您好""请""对不起""谢谢""再见"，其中"您"使用得最多。对于顾客，听起来会感受到尊重。"您"这个字容纳的不仅是称谓，还是一种尊重和心理服务。另外用词时要注意念准声韵调，注意语流音变。比如吃川菜时，问客人要"糍粑"还是"吃八"，如果发音不标准很容易让客人觉得不舒服。

2. 灵活性

推销活动要面对不同顾客，这就要求推销人员善于了解不同顾客心理，因人而异。针对不同顾客，投其所好，切记千篇一律，言语死板。对不同年龄、职业、性别、爱的客户要使用不同的称呼语、问候语。"货卖一张嘴""买卖不成话不到，话语一刀卖三俏"说的就是这个道理。推销语言的灵活性还体现在推销人员在面对尴尬局面是体现的睿智。例如"自相矛盾"的故事。

3. 诱惑性

心理学表明，好奇是人类行为的基本动机之一。在商业推销中，可以利用顾客的好奇心，恰当使用诱惑性语言，引起顾客的注意。比如一位推销员对顾客说："您知道世界上最懒的东西是什么吗？"顾客感到迷惑，推销员接着说："就是您藏起来不用的钱。它们本来可以购买我们的地暖，让您度过一个寒冷的冬天。"推销员制造神秘气氛，引起对方的好奇，然后在解答疑问时，很技巧地把产品推销给顾客。有时也可以利用联想引发顾客的购买欲，比如"初恋奶茶"，"白色恋人巧克力"等。诱惑性的语言能够刺激顾客的购买欲，达成交易的成功。

三、谈判与推销的技巧

（一）谈判的技巧

谈判靠策略，策略靠语言，语言体现在听与说，具体我们分为如下几点。

1. 顺势"听"

谈判时有一半左右的时间要听对方说话，聚精会神，耐心倾听，了解对方的需要，找出对方的"软肋"。听明白才能说明白，听明白才能有的放矢。在听的时候应当微笑或赞同，否定或摇头，并积极引导对方将想说的话说出来。一般人说话的速度是每分120～180个字，而听话及思维的速度比说话的速度大约快4倍，因此听话者能有精力来思考对策。一般顺着对方的话，利用对方在语言上的漏洞提出条件，是谈判的一种有效的技巧。

2. 巧妙"问"

谈判时的唇枪舌剑，起引擎作用的是"问"，怎么问，什么时候问，决定主动权。一般在正式谈话前先"闲谈"，可以谈兴趣爱好，可以谈时事要闻，可以谈天文地理，可以谈风土人情。轻松的气氛为谈判预设良好的环境，然后开始提问。问题一般先简单后复杂，在对方回答时及时更新问题，同时不要重复性地问，也不要接连不断地问，而是要留出时间的空白。在面对重大原则的问题时要直截了当，以事实为根据地问。另外，问的语气也非常重要，如一个人问老板"我可以在上班时间上网吗"，老板否定了，但如果变成"我可以在上网时找寻今天谈判业务的讯息吗"，老板就会同意。提问的句式越短越好，否则容易处于被动地位。

3. 虚实"答"

谈判桌上有问必有答，有听必有说。首先对方的问话我们不要急于回答，回答迅速说明我们已有充分的准备，万一出现失误，会给对方以反击的机会。因此听完对方的问话后可以仔细分析对方提问的动机和目的，然后准确回答，如果遇到不能回答的也不能含糊其辞，而是避实就虚。如对方经理问你"听说你只是个普通员工，怎么能参加这次的谈判"，这时秘书员工可以这样回答："经理难道就不是贵公司的员工吗？"避开正面交锋，避实就虚，虚实结合，才能达到好的谈判效果。

4. 适时"辩"

一问一答的僵持就会造成辩论的形成，这个过程往往是谈判的实质性阶段，会出现语言过激、情绪激动等情况，因此这时要保持头脑冷静，学会自我控制。语言上，话不能多，要切中要害，言多必失，其次，谈判僵局时可以采用缓兵术，绕开障碍。也可以表面上屈服投降，设置假象，一旦时机成熟就收网反攻。当利益不能得到最大化时，为确保底线，可以采用退却术。比如，双方谈判第一回合：就每平方米10元的成本价给您吧？第二回合：已经9元了，老顾客，真的不能再降了。第三回合：好吧，赔本降到8.5元，绝不再降！

◆ 谈判实录（一）

穷售货员费尔南多在星期五傍晚抵达一座小镇。他没钱买饭吃，更住不起旅馆，只好到犹太教会找执事，请他介绍一个能在安息日提供食宿的家庭。执事打开记事簿，查了一下对他说："这个星期五，经过本镇的穷人特别多，每家都安排了客人，唯有开金银珠宝店的西梅尔家例外。只是他一向不肯收留客人。"

"他会接纳我的。"费尔南多十分自信地说，于是他转身来到西梅尔家门前。等西梅尔一开门，费尔南多神秘兮兮地把他拉到一旁，从大衣口袋里取出一个砖头大小的沉甸甸的

小包，小声问："砖头大小的黄金能卖多少钱呢？"珠宝店老板眼睛一亮，可是这时已经到了安息日，按照犹太教的规定不能再谈生意了。但老板又舍不得让这送上门的大交易落入别人的手中，便连忙要留费尔南多到他家住宿，到明天日落后再谈。

于是，在整个安息日，费尔南多受到盛情的款待。到星期六夜晚，可以做生意时，西梅尔满面笑容地催促费尔南多把"货"拿出来看看。

"我哪有什么金子？"费尔南多故作惊讶地说，"我只不过想知道一下，砖头大小的黄金值多少钱而已。"

该实录是穷售货员成功谈判的例子，我们来看以下内容：

顺势听：<u>开金银珠宝店的西梅尔家例外，但他不肯收留客人。</u>

巧妙问：<u>砖头大小的黄金能卖多少钱。</u>

虚实答：<u>我只不过想知道，砖头大小的黄金值多少钱。</u>

适时辩：<u>无。</u>

在这段材料中，穷售货员充分利用自己听到的信息，进行思考，利用了珠宝店老板的心理进行发问，在受到礼遇后，避实就虚，回答了老板的问题。

◆ 谈判实录（二）

某化肥公司准备建新产品线而向银行融资，双方代表已经接触过几次，这次是在医药公司的会议室进行最后的洽谈。公司代表说："为了引进设备，我们以公司大厦为抵押，要求以 5%的利息贷款 1 亿元，3 年后一次性清偿本息。""根据我方估价，这个大楼不足以抵押贷款 1 亿元。"银行代表提出。"我公司是你们的老客户，一向信誉好，前几次贷款不是都如期归还了吗？"公司代表解释说，"这次是因为要引进设备，资金不足，还请你们照顾。"银行代表不再坚持："只是这次贷款利率太低，时间太长，是否每年还一次，分 3 次还清，利率按 7%计算？"公司代表说："就按 3 次偿还，但是利率折中，按 6%计算，好吗？"经过一番讨论，双方终于达成了协议。

该材料是业务谈判的成功案例，我们来看看如下内容：

公司方——

顺势听：<u>根据我方估价，这个大楼不足以抵押贷款 1 亿元。</u>

巧妙问：<u>我公司是你们的老客户，一向信誉好，前几次不都如期归还吗。</u>

虚实答：<u>无。</u>

适时辩：<u>就按 3 次偿还，但利率折中，好吗？</u>

银行方——

顺势听：<u>为了引进设备，我们以公司抵押，3 年后一次性偿还本息。</u>

巧妙问：<u>无。</u>

虚实答：<u>根据我方估价，这大楼不足以抵押 1 亿元。</u>

适时辩：<u>只是这次贷款利率低，时间太长，是否每年还一次。</u>

在这段材料中，银行方和公司方互为听者和说者，彼此都在交换信息，既要听清楚对方的条件、要求，也要思考下一步如何应对。彼此都在听话的过程中思考表述的话语，最终公司方摆事实，讲道理，巧妙的问话提醒了双方长久的合作关系，让谈判趋于顺利。

（二）推销的技巧

推销由于面对不同的顾客，因此要针对不同顾客的特点介绍，投其所好，具体的技巧体现在以下几方面。

1. 问中探求

提问的能力决定了推销能力的高低，没有经验或者没有经过训练的推销员，不善于问问题，面对客户只能介绍和解说，介绍自己公司的优秀，介绍产品的品质，介绍诱人的价格，对于这种热情，顾客不好意思接口，还会出现逆反心理。良好的推销是善意的发问，在问中交流。如一家咖啡店在卖咖啡的饮料里可以加奶油，开始服务时他们只问"要加奶油吗"，顾客一般都是"要"或者"不要"，后来他们改成"您是加3元奶油还是5元奶油"，这样的问话让顾客在"要"的范围里探求，只是量的选择上有所差异。由于问话的暗示作用，人们会不自觉地朝着引导和暗示做出选择，本来不喜欢奶油的会顺口说加一些。还有的是原因探求，在开始阶段如面对购买17寸电视的顾客，我们可以问"您为什么想购买这样的尺寸呢"，在了解原因后可以作出更好的推介；也可以在确认阶段对顾客说"这款汽车你还有什么忧虑的吗"，这样便于销售员与顾客的良性沟通，以防后续问题的频繁发生；在最后阶段，可以提问"您觉得我们什么时候给您送去合适"，这样的问话既体现尊重了客户，也是对客户的一种压力暗示——双方可以促成买卖。

2. 专业导引

希望得到赞扬是人的本能，一句不中听的话会伤害一个人，一句赞美的话可以让人精神焕发。推销员的诱导其实是心理诱导，心理诱导要注意对方的年龄、气质、购买心理。在体现外观的产品推销时，一般以夸赞顾客为主，但是不能把长胡子的爷爷夸成未上学的孩子，不能把妙龄少女说成是佝偻老妪。而在实用类商品推销时应当重点引导产品的可靠性能和使用状况。如果把空调吹嘘电冰箱的功能，把计算机吹嘘成卫星的作用，顾客是断然不会相信的。比如，一位店员见到中年妇女在试衣服，走过来夸赞"你穿这个衣服很好看，像量身定做的"，而另一位店员走过来说"您这个年纪应该穿有气质，显品位的衣服，这件就很合适，它衬出了你的气质端庄典雅，而又不失活力，不妨考虑一下"，顾客显然会被后者打动，因为第二位店员抓住了心理引导，给予了关键信息。

3. 借力打力

在推销过程中会遇见有些对产品有疑义的顾客，面对这种情况时不应去否定顾客的观点，因为一旦触伤顾客的自尊反而会引来不必要的争执，一般可以采取先肯定再否定的模式。比如，顾客反映牙膏定价太高，推销员可以说"的确定价是高了些，但是这款安利牙膏每次使用只需要黄豆粒那么大，使用的时间比普通牙膏久，并且其有效性的成分通过国家食品安全测试，被誉为可吃的牙膏"。这样的推销看似肯定顾客的意见，其实是引向专业的意见，比单纯否定顾客，效果来得好。又比如，在推荐新菜式时，可以说"这是我们主推的菜式，以前咱们都吃过"三风桥"的排骨，名不虚传，这款菜肴是在"三风桥"主厨的指导下，又添了些原料研究的，我们公司的员工都爱上了这道菜，你不妨看看"。借"三风桥"的名声为自己的饭店造势，以此证明产品的可靠性，增加产品的可信度。

◆ 推销实录（一）

电脑推销员陈乙，一次向一家规模不小的公司推销电脑。竞争相当激烈，但是由于跑得勤，功夫下得深，深得承办单位的支持，成交希望非常大，到最后，只剩下两家厂牌，等着做最后的选择。承办人将报告呈递总经理决定，总经理却批送该公司的技术顾问——电脑专家陈教授咨询意见。于是，承办人员陪同陈教授再次参观了两家厂牌的机器，详细地听取了两家的示范解说，陈教授私下表示，两种厂牌，各有优缺点，但在语气上，似乎对竞争的那一家颇为欣赏，陈乙一看急了："煮熟的鸭子居然又飞了？"于是，又找个机会去向陈教授推销。

陈乙重整旗鼓，到陈教授执教的学校去拜访，见了面，如此这般地说："陈教授，今天，我来拜访您，绝不是来向您推销。过去我读过您的大作。上次跟老师谈过后，回家想想，觉得老师分析很有道理。老师指出在设计上我们所代理的电脑，确实有些特征比不上别人。陈教授，您在××公司担任顾问，这笔生意，我们遵照老师的指示，不做了！不过，陈教授，我希望从这笔生意上学点经验。老师是电脑方面的专家，希望老师能教导我，今后我们代理的这种产品，将来应如何与同行竞争，才能生存？希望能听听老师您的高见。"陈乙说话时一脸的诚恳。

陈教授听了后，心里又是同情又是舒畅，于是带着慈祥的口吻说道："年轻人，振作点。其实，你们的电脑也不错，有些设计就很有特点。唉，我看连你们自己都搞不清楚，比如说……"于是，陈教授讲了一大通。"此外，服务也非常重要，尤其是软件方面的服务，今后，你们应该在这方面特别加强。"陈教授谆谆教导，陈乙洗耳倾听。

这次谈话没过多久，生意成交了。对这次推销，帮忙最大的，还是陈教授，他对总经理说，这两家公司的产品大同小异，但他相信陈乙公司能提供更好的服务，最后，总经理采纳了陈教授的意见，一笔快泡汤的生意又做成了。

该材料中销售员放弃了常规的介绍产品的方式，抓住对象的心理进行引导而最终获得了成功。

问中探求：<u>我们代理的产品将来如何与同行竞争呢？您能给我说说吗？</u>

专业引导：<u>我希望从生意上学点经验，希望您能教我。</u>

借力打力：<u>我们设计的电脑确实有的地方比不上别人，这笔生意不做了，不过……</u>

问中探求重在听对方说，专业引导重在顺对方心意，借力打力重在自己说，掌握这三个准绳就能够很好地推介产品。

◆ 推销实录（二）

亚伯特·安塞尔是铅管和暖气材料的推销商，多年以来一直想跟布洛克林的某一位铅管包商做生意。那位铅管包商业务极大，信誉也出奇的好。但是安塞尔一开始就吃足了苦头。那位铅管包商是一位喜欢使人窘迫的人，以粗线条、无情、刻薄而感到骄傲。他坐在办公桌的后面，嘴里衔着雪茄，每次安塞尔打开他办公室的门时，他就咆哮着说："今天什么也不要说！不要浪费你我的时间！走开吧！"

然后有一天，安塞尔先生试试另一种方式，而这个方式就建立了生意上的关系，交上了一个朋友，并得到可观的订单。

"我们的公司想在皇后新社区开一家公司，"安塞尔先生说，"你对那个地方了解的程度和住在那里的人一样，因此我来请教你对那里的看法。这是好呢还是不好呢？"

"请坐请坐！"他边说边拉出一把椅子。接着用一个多小时，他详细地解说了皇后新社区铅管市场的特性和优点。他不但同意那个分公司的地点，而且还把他的脑筋集中在购买产业、储备材料和开展营业等全盘方案上。他从告诉一个批发铅管公司如何去展开业务，而得到了一种重要人物的感觉。从那点，他扩展到私人方面，变得非常友善，并把家务的困难和夫妇不和的情形也向安塞尔先生诉苦一番。

该材料中销售员从受到冷落到和生意伙伴成为朋友的转变，为什么他能成功，我们来看如下信息：

问中探求：你对那个地方了解的程度和住在那里的人一样，你说好还是不好？
专业引导：因此我来请教你的看法。
借力打力：我们公司想在皇后新社区开一家公司。

在这则材料里问中探求重在听对方说；专业引导重在满足对方心意；借力打力重在将话题引到铅管市场上，为后续的推销服务。在商人认真说完这些后，安塞尔自然获得一笔大订单。

◎ 资料卡片

谈判的技巧

顺势"听"
巧妙"问"
虚实"答"
适时"辩"
推销的技巧
问中探求
专业引导
借力打力

※ 任务实施

★ 拾趣

1. 帮帮忙

（1）李女士在某大型商场购置了一个全银手镯，但是才佩戴三天扣子就脱落，无法继续佩戴。李女士前往柜台要求退货，但店员态度非常坚决，坚持说商品售出时好的，不排除人为因素。此时，李女士该如何应对？

（2）周阿姨家里装修，合同规定上周末家中的门把都要落实到位，但是今天已是周五，周阿姨发现大门空空，一无所有，她拿着合同来到装修公司要求赔偿，而公司声称是因为天气原因才延期，属于不可抗力，请问周阿姨该如何找装修公司谈判？

★ 入境

2. 找线索

听读下列这段话，思考"我"为什么能够成功？并完成下列填空。

我："王总您好！我是北京大陆航星质量认证中心的周金石。"

我的话还没说完，对方就问："哪里？"

我："北京大陆航星质量认证中心，是专门帮助贵公司这样的企业建立标准化管理体系的，也就是 ISO9001 的认证。"

王："哦，质量体系认证啊，那我们不需要，我们是自来水公司。"

我："这个我了解，在我们国家目前进行质量体系认证的企业，确实是生产类的企业较多。但事实上，在国外，各行各业都会进行质量体系的认证，因为这能够帮助企业建立一套标准的管理体系，就好比为您的公司建立起一套符合标准的法律法规似的，进行标准化的管理后，您的管理工作就会更加轻松，公司的管理流程会更加规范有效，还将会提高您的管理效率，降低管理成本，产品的质量也更有保障。"

王："这样啊，我们以前还真是没有这方面的考虑。"

我："是啊，目前多数第三产业的企业老板都很少考虑到要进行这个体系的建立和认证，当然了，你们是自来水公司，也不存在客户要求您做这个认证，这就需要你们的管理层来推动了，这个标准体系的建立，还是能够为您带来很大的好处的，现在不进行以后还是会办的，如果有条件的话，我建议您早点考虑，早做早获益嘛。"

王："是吗？那你们公司都做过哪些自来水公司的认证呢？"

我："我们公司目前还没有，前面我也说到，在我们国家第三产业进行体系认证的现在还为数不多，何况自来水公司这个行业，这个行业目前还只有天津的一家做了质量体系认证。不过，虽然我们公司还是没有做过，但我们公司有经验丰富的专家做过自来水公司的体系的咨询和建立，并帮助企业顺利通过质量体系的认证。我们有专家能做。"

我说到这，客户没有说话，我就继续说道："当然了，您要是决定做了这个体系认证的话，就走在同行的前面了，毕竟还很少有这个行业的做体系认证，您决定做的话，就走在他们之前了，而且，能够在您的任职期间将公司的管理带到一个高度，率先通过了国际标准化的质量管理体系，这不仅有利于公司，也有利于您本人嘛。"

听完我讲的上面这番话后，王总说："你说有专家做过，那你先把那位专家的资料发给我看看吧。"

我："好的，我马上去找，一会儿就发给您，请稍等一等。"

过了 20 分钟我打电话过去："王总，专家的资料您看完了吗？"

王："看完了。"

我："哦，您看到了吧，他的经历和经验都很丰富，咨询过上百家的企业，都顺利通过了质量体系认证，也从事过您这个行业的咨询，相信是能够满足您的要求的，您一定会满意的。"

王："是，从他的资料看，是一个经验丰富的老师，那你能够带他来我这里见面谈一谈吗？"

我："当然可以了，那您看明天什么时候去您那儿比较方便？"

王："那就明天下午2点到我办公室吧。"

我："好的，明天见。"

问中探求：_____

专业导引：_____

借力打力：_____

★ 下水

3. 学学看

（1）两个推销人员到一个岛屿上去推销鞋。一个推销员到了岛屿上之后，发现这个岛屿上的每个人都没有穿鞋的习惯，人人都是赤脚。没有穿鞋的，怎么推销鞋？他气馁了，马上发电报回去，说"鞋不要运来了，它在这个岛上没有销路。"第二个推销员来了，高兴得几乎昏过去。因为，他觉得这个岛屿上鞋的销售市场太大了；每一个人都不穿鞋，要是一个人穿一双鞋，销量就不得了。于是，他马上发电报回去，说："空运鞋来，赶快空运鞋来。"请问第二个推销员能获得成功吗？

（2）2013年1月27日，李某因腹痛到某医院就诊，当天入院治疗，经过血常规、CT肺部、上腹、下腹等多项检查和多名医生会诊，某医院未做出明确诊断。李某随即转入省城的一家医院，这家医院根据李某在某医院拍的CT片子，当即明确指出：片子已经有阑尾炎的病灶显示，李某所患的疾病是急性阑尾炎，并做了手术。李某认为某医院作为三级甲等医院，对于常见的阑尾炎，未及时做出正确诊断，导致本人远赴省城医院治疗，客观上增加了就医成本。李某遂委托本人律师起诉到人民法院，请求某医院退还医疗费：315 750元；承担李某去省城医院的急救交通费：200 000元；给付误工费、住院伙食补助费、护理费等人民币：40 200元；合计：556 000元。院方坚持认为李某当日到医院时还未发作，是李某转院后才发现的，双方愿意私下调解。请问：李某该如何说才能获得赔偿？

→ 任务三　汇报与陈词

※ 情境导入

林静经过一番历练跳槽到了无锡公勤会计事务所，总经理让她带一队人去东方电子元件厂进行资产评估，并回来将评估结果向大家做个汇报。林静一时没了主意，她思考怎样汇报能给领导和同事留下一个好印象呢？于是她就精心设计了一份汇报文稿，并在公司例会时向领导进行了陈述，本来信心满满的她却发现领导听完她的汇报后摇了摇头。林静回到办公室，心想自己写的十几页稿子就这么付诸东流非常不甘心，这时好心的同事李乐走过来笑着说："你这汇报也太长了，老板想听的你啥也没说啊。"林静陷入了沉思……

※ 任务要求

- 了解汇报和陈词的性质和特点；
- 掌握汇报和陈词的内容要素；
- 能够独立进行汇报和陈词。

※ 知识准备

一、汇报、陈词的性质

过去，一般情况下，汇报是工作人员向上级汇报工作用的书面材料，随着社会的发展，逐渐演化成了口头汇报，即用口头语言向上级报告工作的方式。要求汇报人员突出重点，先主后次，语言简洁，不要面面俱到。

陈词即陈述意见，阐明事理，指工作人员向对方传递正确恰当的信息，引起对方反应的口语表达方式。陈词要求工作人员做基本陈述时能够简洁、流畅、准确、生动。

二、汇报、陈词的要求

（一）汇报的要求

1. 找点

每天每时要向上级汇报的材料，内容有很多，但是只有汇报上级希望知道的内容才是正确的着眼点，以坦然的态度面对领导，向其汇报最核心的信息供上级参考或是考虑，是汇报者首要考虑的。如果一味只想在领导面前表现自己的口若悬河，而忘记上级关心的是信息而不是你的口才，那么汇报人的注意力就会只集中在领导身上，由此就会影响汇报的质量，而变成了应景之语。

2. 缕析

汇报信息确立后就必须确立汇报思路，在汇报前必须做好充分的准备，掌握大量的第一手材料，吃透下情，对需要关注的单位或是同行了如指掌。只有这样，才可以在汇报时做到如数家珍，侃侃而谈。掌握材料后应当根据上级的要求和宗旨，对原始材料进行精加工，归纳整理，让汇报具有条理性，有数字，有事例，在领导的头脑中勾勒一幅清晰的图画，如果只能给予领导一幅迷宫图，这样的汇报就是失败的。

3. 把脉

汇报工作如果只是简单地将看到的、听到的告诉上级，这只是基础汇报，好的汇报者应当能够在众多信息中结合领导关心的方向，将信息进行重点汇报。比如，向党委领导汇报，就要多说单位的思想政治工作；向业务经理汇报就要多说公司的业务洽谈情况。在汇报中要能听到对方希望听到的内容，是汇报人要思考的方向。

4. 控时

汇报者应当根据总时间掐定自己的汇报时间，应当在规定的时间内完成口头汇报，最好提前完成，不要超时。当下常见的情况是向领导汇报思想工作生活，往往时间不足，应当果断地将内容中可有可无的内容删除，留给领导提问的时间。只有双向的沟通互动才能促进汇报的意义。在领导提问时，也不要含糊其辞或是拉拉扯扯，而是应当呈现自己的熟悉度和反应力。这个环节既要控制节奏，又要对答如流。

（二）陈词的要求

1. 时机

陈词是一般性的述说，但基于对方需要的立场。如消费者希望了解银行投资产品，此时只需要陈述产品的性能和利益；如果消费者希望明确价格，此时可以洽谈各项条件。陈词的时机以客户或上级的需要为基准，不要啰啰唆唆，胡诌一堆，只需要不同的时机陈述不同的事项即可。

2. 细致

口头陈词分即时性和预备性，无论哪种都应事先准备，在陈述时会有紧张情绪，但如果能够熟记内容，就能够从容应对，这当中包括查阅资料、调查情况、总结整理。细致的准备可以让预备陈词出类拔萃，也可以让即时陈词有备而来。

3. 立场

陈述是基于一定的事实或条件进行陈说，陈词的观点和立场应当明确，不能左右摇摆，也不能阿谀奉承，陈词是体现自己思考、表明见解、传递信息的形式，根据立场寻找相应的内容并让内容为自己的观点服务。比如，推销员的立场是自己销售的东西是最好的，那么陈词部分应当都是介绍产品的优点；如果行政秘书想让上级取消下午的会议，那么陈词的内容就是下午会议若召开的种种不是；如果是会议谈判需要说服对方答应自己公司的数字要求，那么陈述部分就是阐明确立数字的用意。

4. 精准

口头陈述具有极大的灵活性，在听清对方的意图后要及时表明自己的看法，要以谦虚诚恳的态度说话，但是都必须以思考为基础，陈述时要明确牢记自己陈述的目的、任务、内容。如果按既定的陈述方法和策略不能达到目的时，就要变换策略，变幻时要精当准确，要有的放矢地发表自己的看法和意见。

三、汇报和陈词的要素

（一）汇报的要素

汇报就是把某个时期做过的工作，进行总检查，总评价，将成绩、缺点或不足进行报告，因此汇报必须包含以下要素：

1. 情况概述：情况概述是对所做的事情的概括，可以简单，也可以详细，一般使用叙述类话语和说明类话语，可以用"公司总体情况是……"进行概括。在概括时如果涉及具体数字和事例，则将数字点明，比如"公司总体情况稳健发展，上半年整体销售业绩翻了一番，签约率从 30%增至 45%"。概述部分要有事实，有数据，不能出现常识性错误。

2．肯定成绩：汇报的中心是肯定成绩，找出缺点，成绩有多大，有哪些，表现在哪些方面，是怎样取得的。在汇报时可以采用分层分步骤的方式进行汇报，可以从点到面，也可以从外到里，一步步将取得的成绩阐述清楚，在汇报的同时如果侧重的是缺点，那么应当将缺点的性质说清楚。

3．今后打算：根据汇报的内容确认今后的任务和要求，明确方向，提出改进措施，在对事实概括后，对成绩或是缺点分层述说，最后点明下一步工作的方向，汇报人可以用"我建议"或者"我们是否考虑""您觉得"这样谦逊的语气给予领导以清晰的提醒或是建议，让上级自己斟酌思考决断。

4．听言观色：在汇报时，上级一般会对汇报的内容给予反应，汇报人要根据听到的领导反应而决定下一步汇报的重点。如果上级的反应是非常感兴趣，那么汇报人可以继续重点做详细汇报；如果上级的反应非常不耐烦，并且还伴随着"是这样吗"等疑问性的判断，那么汇报人需要及时调整重点，需要将原来的非重点材料转移至重点内容。

◆ 汇报实录（一）

财务总监的定位

公司的财务管理服务服从于公司价值最大化这一基本目标，并逐渐聚集在产权（公司筹资和控制权）、战略（定位与决策）和控制（激励与约束）这三大基点上。与此相适应，财务总监兼有财务分析师、管理会计师和注册会计师这三种基本角色。财务总监直接对董事会负责，在公司治理和公司管理中承担着理财、控制和监督职责，其工作可进而归结为价值管理（理财）和行为管理（控制和监督）这两个基本方面。

1．财务总监的职责定位。财务总监是企业法人治理结构、企业经营管理的重要组成部分。在公司治理层面，财务总监代表所有者对经营者进行监督，主要履行监督职责；而作为企业管理层的一员，财务总监又必须抓好会计基础构件的建设，承担起企业的价值管理人角色，全面、全过程地参与企业管理控制系统。

所有者监督职责作为股东利益代表，财务总监主要对公司财务活动的事前、事中、事后履行监督，涉及公司财务活动的制度方面、资金方面和人员方面的控制。财务总监需要对报出的公司财务报表和报告的真实性，与总经理共同承担责任，需要对公司财务管理混乱、财务决策失误所造成的经济损失承担相应责任，需要对公司重大投资项目决策失误造成的经济损失，承担相应责任，还需要对公司严重违反财经纪律的行为承担相应责任。

2．会计基础建设职责。财务总监首先需要在公司治理和公司管理层面中拥有较好的工作平台，需要做好会计基础建设，参与审定公司的财务管理规定及其他经济管理制度。会计控制机制是公司财务管理与控制的一项重要的基础工作，与业务控制共同组成企业的内部控制系统。财务总监要认识到完善内部控制制度的重要性，从会计控制机制的基本要素入手，逐渐完善企业的会计控制机制，从制度建设上来增强企业抗风险能力。

财务总监代表的是一种全新会计师形象，必须由传统意义上的兢兢业业的死算数字、填制报表，转变为现在的高级决策支持专家。财务总监凭借其深厚的财务知识以及他们对于企业经营环境的准确理解，正越来越多地参与到企业的经营决策制定工作中去，逐渐成为公司价值创造队伍的主导者和全能成员。财务总监负有重要的价值创造职能。从价值创造的过程来看，无外乎决策未来、控制过程和关注结果这三个基本环节，均与财务总监的工作密切相关。

该实录是某公司财务总监向总经理汇报总监的角色功能，汇报人经过翔实的调查、研究做了如上汇报，我们来具体分析：

情况概述：<u>第一段对财务总监的角色进行了阐释定义。</u>

肯定成绩：<u>第二段、第三段对财务总监应该做的事情进行了阐释。</u>

今后打算：<u>最后一段对财务总监需要面对的未来工作做出了诠释。</u>

听言观色：<u>此处没有涉及。</u>

◆ 汇报实录（二）

汇报人：经理，作为东方元件电子厂和公正会计事务所的第三方委托人，我们准备对东方元件电子厂出示这样的报告：我校办工业公司对无锡公正会计师事务所有限公司出具的锡众评报字（2000）第27号资产评估报告的有关内容进行了审核验证，无锡公正会计师事务所有限公司具备省以上国有资产管理局批准的资产评估资格，资产评估项目负责人具备国家认可的注册资产评估师资格，资产评估报告由两名注册评估师签字，所出具的资产评估报告有效。本次资产评估的程序及所采用的方法基本符合《资产评估操作规范意见》等法律、法规、制度的规定。贵单位须在企业改制的经济行为实现后，方可进行有关财务处理和办理产权变更手续。经理，您看这样行吗？

经理：可以，快去办吧！

该实录是汇报人与经理之间的一段实际汇报，下属将自己已经进行的工作向上司汇报，并征求意见，具体内容如下：

情况概述：<u>我校办工业公司对无锡公正会计事务所有限公司出具的报告的内容进行了审核验证，无锡公正会计事务所有限公司具备省以上国有资产管理局批准的资产评估资格。</u>

肯定成绩：<u>本次资产评估的程序及采用的方法基本符合法律、法规、制度的规定。</u>

今后打算：<u>贵单位须在企业改制的经济行为实现后，方可进行有关账务处理和办理产权变更的手续。</u>

听言观色：<u>您看这样行吗？</u>

（二）陈词的要素

陈词是各类行业中最基本的语言，是许多工作中不可缺少的环节，陈词一般包括以下几个要素：

1. 立场表达：陈述双方都是只阐述自己的立场，不必去涉及对方的利益，注意力应当放在自己方的人或事上，常用"我觉得""我认为"这样的主观能动词来确认自己的观点表达，既让对方知晓你的用意，也能始终围绕自己的立场进行诉说。

2．基本建议：陈词不是汇报，不需要深入全面，它是阐明观点、传递见解的基本方式。在阐明观点后，可以给出确立观点的基本原因以及基本建议，一般会用"主要因为以下两点"等分类式阐述，或者"不妨考虑"等建议性语气向话语接收方进行陈说。

3．弹性意见：陈词时对方有时会给出反应或意图，一旦确认对方意图后，给出的建议会做适当调整，此时的建议和意见不能颠覆观点，但是可以酌情更改。用类似"我们还可以考虑"等句式，选择性的语气让对方易于接受你的观点，而不是觉得你强词夺理。

◆ 陈词实录（一）

各位领导，各位来宾，无锡市星星产业投资发展有限公司于 2008 年 12 月 12 日在本公司办公室召开第一次股东会议，由林烽召集、主持，会议就公司选举执行董事、法定代表人、监事达成以下一致意见：

1．选举林烽为公司执行董事并兼任公司法定代表人；

2．选举卓飞为公司监事。

对以上有异议者，请向董事会反映。

2008 年 12 月 12 日

该实录是星星公司的内部决定，由宣布人进行当场发布陈述，我们来看看陈词的一般元素：

立场表达：无锡市星星产业投资发展有限公司于 2008 年 12 月 12 日在本公司办公室召开第一次股东会议。

基本建议：选举林烽为公司执行董事并兼任公司法定代表人。

弹性意见：对以上有异议者，请向董事会反映。

◆ 陈词实录（二）

公司的机构及其产生办法、职权、议事规则

股东行使下列职权：

（一）决定公司的经营方针和投资计划；

（二）委派和更换公司非由职工代表出任的执行董事、监事，决定执行董事、监事的报酬事项；

（三）审议批准执行董事的报告；

（四）审议批准监事的报告；

（五）审议批准公司的年度财务预算方案、决算方案；

（六）审议批准公司的利润分配方案和弥补亏损的方案；

（七）对公司增加或者减少注册资本做出决定；

（八）对公司合并、分立、解散、清算或者变更公司形式做出决定；

（九）修改公司章程。

如有不同意见，可以向董事会反映。

该实录是某公司内部的机构职能的陈述，我们来进行分解：

立场表达：<u>公司的机构及其产生办法、职权、议事规则。</u>

基本建议：<u>股东行使下列职权。</u>

弹性意见：<u>如有不同意见，可以向董事会反映。</u>

◎ **资料卡片**

汇报的要素

情况概述：总体情况是……

肯定成绩：很多方面都不错……

今后打算：您看是否这样更合适……

听言观色：要不我们这样做……

陈词的要素

立场表达：我们觉得……

基本建议：可以从以下几点……

弹性意见：不妨考虑……

※ 任务实施

★ 拾趣

1. 帮帮忙

（1）有个顾客买了蔡骏负责的小米品牌电视机，但是顾客对该品牌的陌生感总让他不满意自己的选择，一来二去后，蔡骏决定请顾客来店里，与他当面解释。请帮他设计一段陈词，能够让顾客心悦诚服。

（2）百丽总公司想了解周康所在的分公司的情况，于是决定请周康汇报近半年来分公司的运营情况。周康非常为难，因为分公司一直处于亏损状态，由于周边地铁建设问题，加之大型 shoppingmall 的崛起，客源比往年少了三成，因此生意不是很好。请你帮周康设计一份汇报词，帮助他顺利通过这次调研。

★ 入境

2. 找线索

根据以下材料，王晓如果要向上级汇报工作，需要里面的什么信息？请完成下列表格。

股权转让协议

转让方（甲方）：　　　　　　　　受让方（乙方）：

无锡市胡埭水泥有限公司　　　　　无锡市胡埭投资发展集团有限公司

经甲、乙双方协商同意，甲方将其在无锡市十八湾旅游发展有限公司的10%的股权转让给乙方，并达成如下协议：

1. 甲方将在无锡市十八湾旅游发展有限公司的10%的股权计100.00万元以100.00万元的价格转让给乙方。

2. 股权转让后，甲方在无锡市十八湾旅游发展有限公司中按出资比例承担的权利义务由乙方按照出资比例承继。

3. 本协议经甲、乙双方签字后生效。

4. 本协议一式二份。

转让方盖章（签字）：　　受让方盖章（签字）：

2008年11月12日

情况概述：_____
肯定成绩：_____
今后打算：_____
听言观色：_____

★ 下水

3. 支妙招

（1）1985年，海尔集团首席执行官张瑞敏刚到海尔。一天，一位朋友要买一台冰箱，结果挑了很多台都有毛病，最后勉强拉走一台。朋友走后，张瑞敏派人把库房里的400多台冰箱全部检查了一遍，发现共有76台存在各种各样的缺陷。张瑞敏把职工们叫到车间，问大家怎么办？多数人提出，也不影响使用，便宜点儿处理给职工算了。张瑞敏说："我要是允许把这76台冰箱卖了，就等于允许你们明天再生产760台这样的冰箱。"他宣布，这些冰箱要全部砸掉，谁干的谁来砸，并抡起大锤亲手砸了第一锤！很多职工砸冰箱时流下了眼泪。张瑞敏说："有缺陷的产品就是废品。"三年以后，海尔人捧回了中国冰箱行业的第一块国家质量金奖。

根据以上材料完成下表，并说一段陈词介绍海尔电冰箱的质量。

立场观点	
基本建议	
弹性意见	

（2）银行排队问题一直受市民关注。一些银行通过及时掌握客户的流量规律、灵活排班、制作客流高峰提示牌；针对集中发放养老金、涉农补贴等特殊群体、特殊时段业务时，全部窗口对外开放，减少客户等候时间。此外，许多商业银行通过网上银行、电话银行、手机银行、电视银行分流客户，据了解，去年江苏银行业电子渠道业务分流率达58.89%。

以往，在银行上 WIFI 是从来没想过的事情，而江苏银行去年 9 月底完成了在同城、异地所有网点厅堂的 WIFI 布设，市民在网点等候办理业务时也能进行娱乐。有的客户因为一时粗心，在自助设备上取款后忘记拿回卡片，针对这一现象，江苏银行将自助设备取款流程升级为"先出卡，后出钞"，还成立了自助设备监控团队，发现吞卡情况第一时间与客户主动联系。银行内部对市民们的赞扬也觉得而很欣慰，表示以后会做得更好。

根据以上文字内容，完成表格后进行口头汇报，介绍江苏银行的工作。

情况概述	
肯定成绩	
今后打算	
听言观色	

→ 任务四　咨询与建议

※ 情境导入

观看《四大名助》女子整容上瘾片段，看看名助们是如何给出女子建议的？

※ 任务要求

- 了解咨询和建议的性质和特点；
- 掌握咨询、建议的内容要素；
- 能够良好地给予他人咨询和建议。

※ 知识准备

一、咨询、建议的性质

咨询是个人或者相关公司凭借专门的知识、经验、技术和广泛的信息渠道，接受客户的委托，对指定项目、产品、技术、管理、服务、信息等情况进行专门的调查、分析、论证，并向委托人提供可靠信息、数据资料、操作方案和可行性报告的业务。咨询既能够对所在公司的客户信息形成系统的资料和方案，并提供给客户，同时也可以满足业务发展的需要。

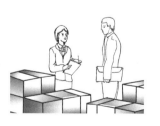

建议指个人、单位或集体向有关单位或上级机关和领导，就某项工作提出某种见解，使其具备一定的改革和改良的条件，让某项工作朝着更良好的、积极的方面去完善和发展。

二、咨询、建议的特点

（一）咨询的特点
1. 专业性
咨询实则是一种高智能、高强度的脑力劳动，这就决定了咨询人员必须具备较高的素质、管理知识和咨询方面的经验。咨询可以是信息咨询、管理咨询甚至是战略咨询，它要求从业人员必须具备丰富的理论知识、实践经验和咨询的基本技法。

2. 服务性
咨询是一种服务，是咨询人员运用科学的方法，进行定量和确有论据的定性分析，找出主要问题，查出产生问题的原因，提出切实可行的改善方案，进而指导实施改善方案的过程。在这个过程中，咨询人员是主动者，但也是提供服务的人，因此，真诚、周到、耐心是必须具备的品质。

3. 目的性
咨询的结果是通过实施改善方案后，个人或者公司的问题得到了解决，个人的困惑消除，企业适应环境的能力得到提高。由于咨询是一种在收集分析信息后作出的指导，因此必须注意咨询能达到的结果或是目的，这也是个人及企业最为关心的。

（二）建议的特点
1. 可塑性
建议是面对有关部门或上级领导所提出的一种想法，不是公开倡导具体实施的方案，它需要领导或有关部门的认可后才能实施，因此它不是最终的定稿，可以被修改、被增删，甚至被放弃，这些都要看具体的情况而定。

2. 建设性
建议是群众发表意见的工具，每个人都有责任和义务对某些事发表自己的看法，它能让工作更加顺利地开展。合理化的建议，科学化的意见，具有可操作性、可执行性的建议才会被接纳、认可，因而提出的建议应当是密切联系群众、符合事实的，一些非正常的建议不应被提出来。

3. 对象性
在面对群体的建议时，建议具有宣传、鼓动的效果，有一定的倾向性；在面对领导或部门时，只是中肯地提出自己的意见，没有要求对方必须做到的意思，不具有号召性。因而，建议应当视具体的对象而酌情考虑。

三、咨询、建议的要素

（一）咨询的要素
尽管咨询可以分为很多类别，但是常规的流程必须包含以下内容：

1. 问候语："您好，很高兴为您服务，请问我有什么可以帮助您的吗？"对待初次见面的客户或者企业，面带微笑，语气柔和，吐字清晰，保证对方能听清自己的问候，与对方建立良好的关系是咨询业务的第一步。

2. 听问题：对方前来咨询一定是有问题或是困难需要解决，专业的咨询人员在问候之后一般会耐心聆听客户描述的状态，适时对客户的问题予以复述、回答。聆听时必须保持微笑并且点头示意，如果遇到没有听清的地方可以用"您的问题是……"来复述问题，复述时要有耐心。

3. 提方案：在耐心倾听完之后，可以用"您看我这样理解对吗"再次和客户确认双方在同一平台沟通，然后经过思考后给客户以正确的方案，在提方案时一般不使用专业术语，而是用对方容易理解的话去表达。解决时，如果发现客户的错漏，必须委婉告知对方正确的操作是怎样的，并提醒客户一些注意事项。

4. 确认语：当提出的解决办法全部告知后，为了确认对方是否听懂听明白自己的讲述，一般用"您清楚了吗"来跟客户确认，并礼貌性地问"您还有别的问题吗"来与客户礼貌告别，如果发现客户没有理解自己的话语，应当不厌其烦地问清是在哪个环节没有沟通到位而再次讲解。

◆ 咨询实录

A 公司是华北地区最大的建材生产企业，经过几年快速的发展，规模速度扩张，并于 2005 年成功上市，成为一家拥有超过 10 家子公司的大型集团型股份制企业。

为了加强对子公司的控制和提高内部运营效率，公司陆续制定和修订了各类内部运行制度，对保证公司正常运作发挥了重要作用。但通过对每年的经济责任审计和外部财务报告审计活动，仍然发现存在许多管理漏洞，造成了不小的损失。

另一方面，中国证监会要求上市公司必须加强企业内部控制，增加了公司加强财务风险管理、完善内部控制系统的紧迫感。该公司考虑到公司自身能力的不足，决定聘请专业管理咨询人员协助开展风险和内控体系建设。

"请问我有什么可以帮贵公司的吗？"

"我们想了解，根据我公司的情况如何进行内部控制？"

"根据您的描述，我觉得贵公司可以将内部控制环境方面和控制现状及风险方面确立为内部控制重点，具体操作是这样的，设计内部控制组织体系、设计内部控制流程、改进内部控制手段、设计财务风险管理流程设计、设计财务风险预警指标体系、设计财务风险管理配套制度，您觉得这些实施起来能办到吗？"

"好的，谢谢您，我们保持联系！"

该实录是某公司向专业管理咨询人员求教的部分内容，我们一起来看专业咨询人的回答：

问候语：<u>请问我有什么可以帮贵公司的吗？</u>

听问题：<u>根据您的描述。</u>

提方案：<u>我觉得贵公司……</u>

确认语：<u>您觉得这些实施起来能办到吗？</u>

专业的咨询人员给予该公司以详实的指导，并且在指导过程中从简到详进行了具体分析，既体现了专业性，也体现了服务性，让对方信任。

（二）建议的要素

建议是一种主张，主张主要表露的是个人的看法，因而在实际操作时应当包含以下内容：

1. 称呼语：由于建议的对象性，因此不同的对象应当有不同的建议。在表达建议时，需要在前面加上称呼语，比如，面向上级时一般称"领导"，面向下级时称"同志"，面向平级时直呼其名，只有这样，才能区分建议的具体适用对象。

2. 述问题：建议针对的是某个问题，在表达建议前需要将问题进行描述，一般用"对于之前的……"这样的句式来和对方进行确认，以此来确立建议的针对性和实际性。

3. 给理由：建议总是伴随相应的理由，唯有如此，建议才具有真实有效的参考价值，一般可以用"我认为这个问题……"这种主观分析的句子来分析提出建议的理由，让对方信服。

4. 提内容：在问题描述确认，理由陈述之后，即可将自己建议的具体内容告知对方，常用类似"这件事情可以这么办"的句式来给出意见和看法。因为建议的可塑性，所以提出的意见不是一劳永逸的，是根据情况会随时改变的，因而建议者也应针对对方的表情、语气而做出相应的修改。比如，对方听完理由后已经心浮气躁或表情凝重，那么说话者就可以到此为止，不用再继续述说，如果对方听完理由后兴致勃勃、目露光彩，说话者就应该详细阐述自己的建议内容。

◆ 建议实录

虽然银行短期理财产品因为周期短、流动性强、收益高、风险小等原因一度火爆发行，但是其实很多人购买后会发现，收益并没有那么高，甚至是相当低。这是因为大部分投资者对银行理财产品的合同没有细读，首先，收益率大部分都是预期年化收益，这样就意味着其实很多情况下是达不到这种宣传的收益的。另外，在购买这些理财产品的过程中，大多投资者忽略了前面的申购期和后面的清算期是额外都不计息的，而这段时间可以说是免费借给银行的。例如，某款 7 天的理财产品，年化收益 8%，但是算上申购期和清算期可能前后加起来 12 天左右，如果按这 12 天一平均，收益就相对低多了。

对于个人短期理财的建议：

其实很多人购买个人短期理财产品基本都是出于风险低、收益比存款高、流动性强这些原因，其实很多其他投资方式都有这些优点，比如，可以投资货币基金，货币基金流动性强、风险低、收益一般也比存款高；另外，低风险投资回报得看长期（一般至少一年）才有可比性，如果这几天买一款短期理财产品，过几天再换另一款，这样一年下来，你的收益往往还没有一年定期存款高呢！所以绝对不要把资金全投在短期理财产品上面，真正的理财方式是根据自己的具体情况，通过合理的资产配置，达到保值增值的目的。

该实录是银行业务员对广大市民的投资建议，它是企业面向群体的建议，不具有鼓动性，但是带有启示性，我们来分析它的基本元素：

称呼语：<u>这段材料中隐去，实则是广大理财者。</u>

述问题：<u>虽然很多……但是很多人会发现，收益不高，甚至相当低。</u>

给理由：<u>这是因为……另外……</u>

提内容：<u>所以绝不要把资金全投在短期理财产品上面，真正的理财方式是……</u>

建议只是一种具有可塑性的看法，因此这段内容是一位业务员的个人看法，它不具有决定性，操作权在市民手里。如果市民不认同业务员的想法，这个建议就会被放弃；如果市民认同这段内容，那么建议就会成为执行的方案。

◎ **资料卡片**

咨询的要素

问候语——听问题——提方案——确认语

建议的要素

称呼语——述问题——给理由——提内容

※ **任务实施**

★ **拾趣**

1. 搜罗

（1）请列举你前去咨询时遇到过的尴尬事。

（2）回忆在你中考填写志愿时父母给的建议是什么。

★ **入境**

2. 找碴

根据以下材料，回答下列问题。

客户企业创立于1987年，于2005年已发展成为总资产超6亿元、年生产总值超10亿元的大型企业集团。当前客户企业已经形成以总承包、专业承包、房地产开发、外经等的业务组合，作为行业中的佼佼者，近年来多次荣获业内最高荣誉。

随着市场环境和竞争格局的变化，公司的发展呈下滑趋势，内部管理问题也不断暴露出来：采购、投标、项目管理等主要业务运行不畅；各部门之间存在着严重的沟通困难等。企业请教了相应的人员，对方给出了以下回答：

您好！贵公司主要存在以下问题：1. 企业现有业务运作模式已经很难适应内部规模快速膨胀、外部市场节奏加快等要求，企业管理水平相对滞后；2. 业务流程设置不合理，业务重叠，重复职能多，企业资源分散；3. 现有流程主要以企业自身为中心，忽视客户满意度；4. 项目投标、预算管理等流程不规范，投标工作质量不高，价格不准确，内部预算报价过高，不具竞争力；5. 没有完善的项目管理流程与管理制度，工程项目管理粗放，月结成本不准确、不真实；6. 分包、招标、采购等流程不规范；7. 信息不对称、闭塞，反应速度慢。

相信，如果解决以上问题，贵公司业务一定可以蒸蒸日上。

（1）这是咨询还是建议？

（2）在对方给出的回答中，有什么不妥的地方？

★ 下水

3. 支招

（1）张青是无锡田美电器的会计部工作人员，一年一度的审计工作即将开始，但是由于以前她不曾接触，对审计这块内容有些陌生，于是她来到公正会计事务所请教需要准备的内容和配合的工作，事务所江奇接待了她，并给她看了一份验资事项声明书，请根据声明书的内容为江奇设计一段回答张青的话。

验资事项声明书（设立）

无锡立达会计师事务所并陈杰、董婉注册会计师：

本公司（筹）已经＿＿＿＿＿＿＿＿＿＿＿字＿＿＿＿＿＿号批准，由＿＿＿＿（以上简称甲方）、＿＿＿＿（以上简称乙方）出资共同组建，于 2008 年＿＿月＿＿日取得＿＿＿＿＿＿核发的《企业名称预先核准通知书》。正在申请办理设立登记。现已委托贵所对本公司（筹）申请设立登记的截至 2008 年＿＿月＿＿日止的注册资本实收情况进行审验，并出具验资报告。为配合贵所的验资工作，现就有关事项声明如下：

1. 本公司（筹）全体股东已按照法律法规以及协议、章程的要求出资，并保证不抽逃出资，本公司（筹）对全体股东出资资产的安全、完整负全部责任。

2. 本公司（筹）已提供全部验资资料，并已将截至验资报告日止的所有对审验结论产生重要影响的事项如实告知注册会计师，无违法、舞弊行为。本公司（筹）及全体股东对所提供验资资料的真实性、合法性和完整性负责。

3. 用以出资的非货币财产已按照国家规定进行评估，其价值是合理的，且已经全体股东确认。

4. 本公司（筹）股东在出资前对其出资的非货币财产拥有所有权，不存在产权纠纷，未设定担保，已经办理财产权转移手续，且已经移交本公司（筹）。

5. 本公司（筹）承诺将在公司成立后依法建立会计账簿，并按照注册会计师的审验结论对有关事项做出适当会计处理。

6. 本公司（筹）保证按照验资业务约定书规定的用途使用验资报告。

7. 其他需要说明的重大事项：

公司股东：

法定代表人或委托代理人：

年　月　日

（2）请听读下列内容后，概括出你认为最重要的五条建议送给职场新人。

刚刚离开校门踏入社会的职场新人，总是好奇中带着点迷茫，或许这些建议能给你一些启示。

秉持极简的穿衣原则。身上的衣服不要超过三种颜色，也不要穿奇装异服，不要把自己打扮得像圣诞树，这只会让你看上去不成熟，而一个不成熟的人，上司是不敢把重要工作交给你的。

永远提前到达。不仅是绝不迟到，而且应该提前到。上班至少提前 15 分钟，会议至少提前 5 分钟，与合作伙伴约谈至少提前 10 分钟。这有助于树立诚信可靠的工作形象。

比上级要求的多做一点。上级要求你提问题，你要一并给出解决方案。上级要求你给出某一家竞争对手某一年的数据，你最好给出几家类似竞争对手几年的数据。

站在上级的角度思考问题。对于自己给出的方案，最好站在上级的角度重新审视，当然，也可以是上上级，最好是最高级，也就是公司总负责人的角度。

认清你对谁负责。你对谁负责，也就是你听从谁的指令，说明白点就是谁决定你的薪酬和升职。职场里领导多，会出现跨级指挥的现象，如果你的上级和上上级对于任务分派意见不合，你要听谁的很简单，谁决定你的绩效你就听谁的。

早晨，从一天的计划开始。来到办公室，先不要急着开干，第一件事情应该是从打开笔记本，列出当天的工作计划开始，也就是这一天的 to do list。

全心全意地投入工作。不要一坐到电脑前，就习惯性地登 QQ、开微信，除非这是你们的工作要求和规定。

下班前做工作总结。时间到了，不要急着下班，花十分钟的时间对一天的工作进行总结是非常有必要的。总结项应该包括一天的工作内容，存在的问题，改进的方法，还有第二天的工作计划。

高度重视周总结和月总结。除了每天的工作总结之外，每周的周工作总结和每月的月工作总结也必不可少。每天的总结是细碎的，而周总结和月总结是清晰的阶段性总结，可以理出里程碑工作。里程碑工作完成的程度，直接关系到年终奖金。

用数字说话。不要说"我觉得""我感觉""我认为"，一千个感觉不如一串数字来得更有说服力。

分条阐述观点。上级问你看法时，迅速在脑海里分维度，定角度，然后分条，言简意赅地阐述自己的观点。切忌讲一大堆，废话一箩筐，大家都很忙，没有时间来判断和总结你的观点。

积极发言。会议上，如果上级要求说问题，谈看法，不要推三阻四，也不要等着别人作答。尤其是当没人说话的时候，你一定要积极，要主动，因为你不仅是在回答问题，你还是在为上级救场。就算你观点不怎么样，但上级会记住你的。

不要承担不该承担的责任　是你的错就是你的，不是你的错，你用不着主动往自己身上揽责任。这样做并不能显示你是活雷锋，职场里不需要活雷锋。不分青红皂白揽责任，只会让上级以为你要么是个老好人，要么你是非不分。

不要把消极情绪带到工作中。受了批评，不要在办公室里哭；受了委屈，不要和同事、领导拍桌子。最好的姿态，应该是积极接受，然后当作一切都没有发生过，第二天依然喜形于色地来上班。你积极乐观的态度，会让上级或同事主动反省的。你根本无需声嘶力竭地去控诉、去发泄，那样的姿态很难看，他人也难堪。

持续学习。不要停留在自己的舒适区，一定要持续不断地去学习，可以订阅相关公众号，也可以阅读相关书籍，还可以是参加某些培训。一定要不断提升自己的专业能力，增强自己的职场价值。

坚信方法总比问题多。遇到问题，一定要树立解决问题的意识，而不是自暴自弃。首先相信办法总比问题多，然后列出问题，一个一个去寻找解决方案。

合理借力。有些资源，你调不动，去请上级帮个忙，让他帮你调动。有些事情，自己一个人搞不定，去请同事帮忙，让他来为你助力。但是，借力要有度，还要适可而止，毕竟大家都很忙，没人有义务总是帮助你。

目标量化和视觉化。提出目标时，不要用"提高销售业绩""做到最好"等抽象的字眼，应该说提高 20%，做到让 100%的人满意。除此之外，还要将你的目标列出来，放在你每天可以看到的地方，提醒和鞭策自己不断努力。

→ 任务五　电话与短信

※ 情境导入

林静入职五年后，成为了一家大型跨国企业的财务主管，经常有客户要请林静吃饭聊天，林静为此事很头疼，每次都是电话或者短信拒绝，但有时因为口气的生硬而得罪了一些人，她心想：怎么样在电话里或是短信中拒绝别人呢？

※ 任务要求

- 了解电话沟通、短信沟通的性质和特点；
- 掌握电话沟通、短信沟通的内容要素；
- 能够在人际交往中灵活地利用电话和短信。

※ 知识准备

一、电话沟通、短信沟通的性质

电话沟通是个体沟通的一种方式，在彼此相隔距离遥远，无法当面交流或是有些问题需要探讨时的信息交流的方式。它与当面沟通相同的是都用语言表达的方式进行交流，区别也正是它只能用语言交流，无法看到对方的表情、手势等。

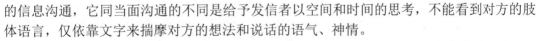

短信沟通是指用户通过手机或其他终端直接发送或接收的文字或数字信息来进行人际交流的方式，它是一种非实时、非语音的信息沟通，它同当面沟通的不同是给予发信者以空间和时间的思考，不能看到对方的肢体语言，仅依靠文字来揣摩对方的想法和说话的语气、神情。

二、电话、短信的要求

（一）电话沟通的要求

1. 尽量口语

电话交流和面对面的谈话相差无几，但也正因为"只闻其声，不见其人"，成功的电话沟通又往往具有神奇的力量。人们获得的信息只有声音和语言，交流时应避免专业用语和简短语，用口语的方式传递信息，繁琐的书面语会遮盖信息的主要内容，有碍沟通和理解。

2. 态度诚恳

态度良好有礼貌是电话沟通的基本要求，一般体现在：及时接起电话，礼貌亲切问好，有问有答，礼貌再见。从拿起电话到挂上电话是一个完整的过程，对待客户一律称呼"您"，除无法回答的奇谈怪论、一笑置之的戏言、明知故问的发难可以不予回答外，其他都应该与对方有问有答。在结束时一般等确定对方挂完后再挂上电话。

3. 善于聆听

电话沟通侧重的是听而非说，在通话中，要学会聆听对方的重点信息，把握关键内容进行回答，要善于从纷繁的信息中搜罗对方最想知道的信息并给予正确的友好的回答，对于没有听清楚的内容要养成复述的习惯，以确定和对方沟通的是同一件事情。

4. 学会提问

根据对象的特点将有序提问和即兴提问相结合，按照时间、逻辑，由易到难，这样方便对方回答，也能引起对方的兴趣。提问既是为了了解掌握自己希望得到的信息，同时也能跟对方建立起关系纽带，将电话沟通变为"交流式"而非"应答式"。

5. 用语准确

由于电话的口语交流具有时效短的特点，交流的信息稍纵即逝，并且不具有法律约束力，在传播的过程中，信息容易被歪曲，故而在电话交流时需要注意用语的准确，可适当记录有价值的信息。

（二）短信沟通的要求

1. 准确性原则

当沟通所用的语言和传递方式被接受者理解时，这才是准确的信息，这个沟通才有价值。沟通的内容应当是有所准备和有明确的目的性的，可以是为了工作需要，可以是为了生活娱乐需要，也可以是为了交流情感需要。沟通前应当思考自己的目的而发出准确、便于对方理解的信息。

2. 真诚性原则

虽然短信沟通避开了正面谈话和电话声音，但有时"无声胜有声"，文字的背后正是你的言行，人们可以从文字中感受到你的诚意。如"李总好，我想请个假"同"我有点事请假，回头再补假条"尽管表达的意思相同，但是前者给人以尊重，后者给人以懒散之感。在编辑短信内容时要想象对方就在眼前，注意信息的真情实意。

3. 及时性原则

短信沟通通常用来交流情感或是沟通信息，应当注意及时有效的原则，遇到问题需要沟通时及时编辑内容与对方交涉，并且也要及时回复对方的信息。

4. 隐私性原则

由于电话内容是口头表达，不具有时效性，信息也无法回头追认，而短信交流可以反复阅读、研究、长期保存，会因为境况的不同而影响对信息的理解，沟通的效果受文字的影响很大，人们在理解信息时依赖于文字，因此要注意信息的隐私性，不能伤害他人，随意给第三方看信息，暴露别人的隐私。

三、电话与短信的内容要素

（一）电话沟通的内容要素

1. 问候语：不管是接电话还是拨电话都要注意第一声的力量，若一接通，就能听到对方亲切、优美的招呼声，双方心里都比较愉快，大家的对话能够顺利展开，也能够给彼此留下好印象，一般都是"您好"或"您好，这里是某某公司，我有什么可以帮助你的吗"。如果是个人，要吐字清脆；如果代表单位，要有单位形象意识。

2. 确认语：由于电话沟通的时空相隔，对谈话的内容和谈话的对象有时需要确认，常用"是某某客户吗"或者"您的意思是……"这样的句式和对方确定彼此谈论的话题，同时有助于在电话中思考时间的获得。

3. 连接语：电话沟通是过耳就会忘记或是模糊的交流方式，它侧重的是当时能够达到的谈话效果，为了帮助对方理解自己的信息，一般可以用"第一、第二"或者"首先、然后"等表述语，来表达事情先后主次，这样能够在短时间内便于对方掌握信息量，同时也能有目的有重点地进行沟通。在确认对方已经听明白的情况下，可以用"如果……就""只要……都""已经……一定"等关联词表示友好积极的态度。比如，在对方询问完毕后，如果代表公司的个人就可以说"如果您今后还有什么问题，就随时拨打这个电话"。如果是业务员，可以说"只要您遇到任何问题，我们都会为您耐心解答"；假如是遇到投诉处理的，可以说"您的问题我们已经记录，请您等待，我们会尽快给您答复"。

4. 提问语：如果在电话里要完成业务沟通，需要掌握一定的提问技巧，通常来说在听完对方的表述后再确定提问的内容，如对方说"这个我们需要考虑一下"，我们就提问"是哪一方面让你犹豫不决呢"；对方说"嗯，暂时我们还没想好"，我们可以说"看样子似乎有什么在阻碍着您"。良好的提问可以变阻力为润滑剂，增加双方的信任度，抓住客户最为关心的核心点，引导客户，促成业务。

5. 道别语：电话的最后不管结果如何，都应当感谢对方，礼貌道别，如"谢谢您，再见"或"打扰您了，我们回头联系"等。不能因为电话里没有谈成事情，而最后气呼呼地挂电话或是恶语相向，因为没有样貌、没有动作的声音交流，留给对方的就是你的全部，和蔼亲切的态度要保持到挂电话的最后一刻。

◆ 电话沟通实录（一）

秘书："你好，董事长办公室。"

汤姆："请问吉米董事长在吗？"

秘书："吉米先生认识你吗？"

汤姆："请告诉他，我是温斯特公司的汤姆。请问他在吗？"

秘书："他在，请问找他有什么事？"

汤姆："我是温斯特公司的汤姆，请教你的大名。"

秘书："我是比莉。"

汤姆："比莉小姐，我能和董事长通话吗？"

秘书："汤姆先生，请问你找董事长什么事？"

汤姆："比莉小姐，我很了解你做秘书的处境，也知道吉米先生很忙，不能随便接电话，不过，你放心，我绝不占用董事长太多的时间，我相信董事长觉得这是一次有价值的谈话，绝不浪费时间。请你代转好吗？"

秘书："请等一下。"她把汤姆的电话转接给董事长。

吉米："喂!"

汤姆："吉米，我是温斯特公司的汤姆，温斯特公司是专门为企业定制西装的公司，请问你知道温斯特公司吗？"

吉米："不知道，贵公司是卖什么产品的？"

汤姆："我们是专门为企业高级管理定制西服的公司。有许多企业对我们颇为赞赏。这些企业包括某某公司、某某银行、某某集团等，我希望下个星期能拜访你，当面向你做详细介绍。我想在下星期三上午 8 点 15 分或星期四下午 2 点 45 分拜访你，你觉得方便吗？"（汤姆提到了几家著名的大公司，希望借此能引起吉米的兴趣，要知道权威的影响力是非常大的，在这里汤姆使用了选择式的问句，这使吉米拒绝汤姆的可能性变小了。）

吉米："嗯，让我想想，就安排在下星期二上午 7 点吧。"

汤姆："好，谢谢您，期待与您的见面。"

该实录是销售人员电话沟通业务的例子，主人公汤姆成功完成业务推销并预约了见面时间，我们来看看他是如何成功的：

问候语：您好，我是温斯特公司的汤姆。

确认语：请问他在吗？请教您的大名？请问您知道温斯特公司吗？

连接语：我很了解您的处境，也知道他很忙，不过……

提问语：我希望下个星期能拜访您，您觉得方便吗？

道别语：期待与您的见面。

在这段材料中，汤姆并没有一开始就与吉米沟通上，而是通过秘书的转接，在和秘书的交流过程中，汤姆听出了秘书的弦外之音"请问你找他有什么事情"，显然这就代表董事长是在公司的，于是汤姆就用谦和的语气表达了理解秘书的处境，希望她能帮忙，在和董事长接洽后，汤姆也听出了吉米对自己公司的陌生，于是立刻以某某集团、某某大公司为例显示实力，并真诚希望吉米能给个机会，汤姆的电话沟通是一次成功的业务推介。

◆ 电话沟通实录（二）

"喂，我是谭玛莉，我可以和芬其博士讲话吗？"

"我就是芬其博士。"

"哦，嗨，芬其博士，您可能不记得我了，我是您英语作文课的学生，我有一个重要的问题，有关我毕业后就业的事，您介意我去您那里请教您好吗？"

"一点也不，您什么时候来？"

"如果你明天下午不忙的话，我那时候去。"

"嗯，明天不太方便，您能不能今天下午 3 点钟左右来？"

"是，好的，非常谢谢您。"

"不谢，谢谢你打电话来，再见！"

"再见！"

该实录是学生向老师请教的电话，我们来看看电话主人公是如何进行人际沟通的：

问候语：<u>我是谭玛莉，我可以和芬其博士讲话吗？</u>

确认语：<u>你可能不记得我了，我是你英语作文课的学生。</u>

连接语：<u>我有一个重要的问题 ；如果，我那时候去。</u>

提问语：<u>您介意我去您那里请教好吗？</u>

道别语：<u>好的，非常谢谢您。</u>

在这段材料中，学生自始至终都表现得谦逊、友好、尊重，与老师间有了一次愉快的交流。

（二）短信沟通的内容要素

短信沟通同电话沟通有些类似的地方，但是由于它以文字为载体，因此要注意文字的表述：

1. 问候语：无论信息是向谁传递的，都应当礼貌地问候，比如，"您好，我是某某公司的某某"或者"最近好吗"等，问候语能带给人以亲切友善，让对方觉得受到尊重。

2. 提示语：短信的目的往往比电话还要强烈，开门见山者会说"我有点事情想请你帮忙"，直接告诉对方目的；委婉暗示者会说"我最近挺倒霉的，你怎么样"，从娓娓道来中讲述自己需要和对方沟通的内容；投诉建议者会说"你们的产品好像并不如宣传的那么好"。在发信者的内容中，主要内容紧跟提示语之后。

3. 复述语：尽管是文字，也会出现理解的偏差，因而在往来的短信里可以加一些复述语，比如，"你的意思是……""那我可以这样说吗""那就是说你准备……"等复述语能够与对方形成一致的见解，便于行动的一致性。

4. 感谢语：在短信的最后会加上一些感谢性的语言，比如，"真诚感谢""万分荣幸"等，视具体的内容而定，感谢语不管事情是否达成都应向对方致谢，这是礼貌品质的表现。

◆ 短信实录（一）

尊敬的客户，您好！感谢您购买我公司的产品，本公司提醒您在使用该产品时请注意正确的洗涤要求，如果有问题，请打电话给我们，我们一定会竭诚为您服务，望您今后对我公司多提出宝贵意见，我们将会做得更好！谢谢，祝您万事如意！

该实录是销售员在产品售出后给顾客发的短信，在这条短信中，销售员真诚而又热情，我们来具体分析：

问候语：<u>尊敬的顾客，您好！</u>

提示语：<u>感谢您购买我公司的产品。</u>

复述语：<u>如果有问题……望您今后对我公司提出宝贵意见。</u>

感谢语：<u>谢谢，祝您万事如意。</u>

良好的服务态度全部体现在一条短信里，从问候到感谢，服务员考虑了顾客的心理感受，编辑了一条让顾客宾至如归的短信。

◆ 短信实录（二）

最近还好吗？人逢知己千杯少，难得在漫漫人生路上能认识你，在一起走过的日子，非常地感谢你给我的帮助，我始终不能忘记我们的友谊，不能忘记我们在一起的点点滴滴，很想说有你真好，祝福你我的朋友。

该实录是朋友对另一个朋友感谢的短信，在这则普通的短信中我们依然可以分解成部分：

问候语：<u>最近还好吗？</u>

提示语：<u>人逢知己千杯少。</u>

复述语：<u>我不能忘记我们友谊，忘记我们的点点滴滴。</u>

感谢语：<u>祝福你我的朋友。</u>

不是每个部分都必须包含这几个元素，但是可以按照这个模式去编辑自己的短信内容。短信是无声的口语沟通、口语交际，随着社会的发展，它的应用越发广泛，也许，以后还会有更多的沟通方式，我们一起期待。

◎ 资料卡片

电话的要素

问候语——确认语——连接语——提问语——道别语

短信的要素

问候语——提示语——复述语——感谢语

※ 任务实施

★ 拾趣

1. 分享

（1）请讲述令你印象深刻的电话沟通。

（2）请和同学们分享你编辑过的最牛的短信。

★ 入境

2. 找碴

看下列两则材料，回答问题。

（1）事事顺心的谷姐：您好。今天我为您推荐一款墙纸，这种墙纸在中国盛世唐朝时期就已经兴起，色彩多样，图案丰富，豪华气派，安全环保，价格便宜，而且目前只有我公司有，要是您有兴趣可以联系我，谢谢！

为什么谷姐收到短信后就把对方拉进了黑名单？

（2）"先生，您好，这里是 HR 公司个人终端服务中心，我们在搞一个调研活动，如果您有时间我们可以问两个问题吗?"

一个月以前，应该有不少人会接到类似的电话。这是××公司在做笔记本电脑的促销活动，我就是其中接到电话的一个他们所认为的潜在客户。

我说："你讲。"

销售员："您经常使用电脑吗?"

我说："是的，工作无法离开电脑。"

销售员："您用的是台式机还是笔记本电脑。"

我说："在办公室，用的是台式机，在家就用笔记本电脑。"

销售员："我们最近的笔记本电脑有一个特别优惠的促销活动，您是否有兴趣?"

我说："你就是在促销笔记本电脑吧?不是搞调研吧?"

销售员："其实，也是，但是……"

我说："你不用说了，我现在对笔记本电脑没有购买兴趣，因为我有了，而且，现在用得很好。"

为什么电话沟通中的"我"显得那么不耐烦?

★ 下水

3. 模拟

（1）无锡博世公司呼叫中心专员陈晓接到了一个顾客的投诉，反映其买的滚筒式洗衣机一周内出现两次故障，顾客的态度非常恶劣，请你设计一段陈晓和顾客的对话，并实景演练。

（2）以下是某信贷机构编辑的两条短信，请你看看哪个版本比较好，分析原因并尝试以博世公司销售部的名义给你的客户发送一条端午佳节买洗衣机送小型电风扇的短信。

版本一：亲，不看后悔哟，11 月**信贷送福利，投资最高可获 1000 元京东购物卡，500 元现金红包，还有机会获名牌耳机，快快登陆平台投资吧!

版本二：亲，5 号前存 1 元送 5 千元体验金，存 5 百加送 5 千体验金! 在持 8 天奖励到账。

→ 综合自测　职来职往

※ 活动导入

江南商学院财务管理专业 3 班为了提前热身，适应招聘市场，决定在班内搞一个小型招聘会，由 8 位同学扮演代表 8 个公司，其余同学经过面试、问答、模拟环节，最终评选出 4 位最佳职业能手。他们效仿《职来职往》节目做了策划，我们一起来参与这项活动吧!

※ **活动要求**

- 通过聆听 8 位公司代表人的要求，而做出相应的回答；
- 通过应对提问，同公司代表人双向交流，并提出解决方案；
- 每位同学对不同工作的要求必须做出相匹配的反应。

※ **活动描述**

一、活动目标

1．聆听目标：听懂叙述、描述、抒情、说明、议论性质的话语；了解说话者的意图和观点；根据说话者的言论做出合理的推断；根据话语内容提出个人的观点，评价话语内容的适宜性。

2．表达目标：妥善承接话题，回应别人发言，正确地传递自己对某个问题或某件事情的情感态度。

3．综合目标：能灵活运用聆听与表达的内容提升自己聆听与表达的能力。

二、活动进行

1．公司要求

空缺岗位：_____

它的基本特点：_____

空缺岗位和基本特点由公司代表人填写，要求要点明岗位需要的工作能力，口语沟通能力，以及常规需要做的事情。

2．个人匹配

我的特点：_____

适合工作的原因：_____

这一部分由应聘学生思考填写，每个同学应当为了竞争成功，而选取与工作性质匹配的特点来说，并且必须对工种有一定的了解，不能模棱两可。

范例：

招 聘 信 息

招聘淘宝客服 1 名，要求负责淘宝集市店及天猫商城的售后服务工作，运用公司产品，通过电话对客户的售后咨询、信息查询及疑难问题做好回答。了解客户的需求，进行有效信息跟踪，与相关部门紧密配合，协调沟通，服从工作安排，定期汇报运营情况。

应 聘 条 件

本人有着较强的沟通表达能力，对工作有上进心、认真负责、待人真诚、处事随和！

换位思考，有自己独特的想法，这是我最大的优点，并且我多才多艺，我相信我能胜任任何工作！我的理想就是能实现我的个人价值的挖掘，能让我的价值得到最大实现，同时实现企业利润和价值的最大化。从基层做起，不断学习，一点一滴积累经验，努力提升自我。从基层做起，向管理层迈进。

适于该工作的特点：耐心、细致，有较强的沟通表达能力，善于进行协调、咨询等工作，与顾客能建立起情感纽带。在这项工作以前我是电信的客服，经常与一些情绪化的顾客沟通，积累了一定的经验，同时我热爱时尚，关心资讯。

3. 互动问答

遇到下列情况，你会怎么做？

顾客投诉：＿＿＿＿＿＿＿＿＿＿＿＿＿＿＿＿＿＿＿＿＿＿＿＿＿＿＿

跟踪调查：＿＿＿＿＿＿＿＿＿＿＿＿＿＿＿＿＿＿＿＿＿＿＿＿＿＿＿

业务咨询：＿＿＿＿＿＿＿＿＿＿＿＿＿＿＿＿＿＿＿＿＿＿＿＿＿＿＿

汇报效益：＿＿＿＿＿＿＿＿＿＿＿＿＿＿＿＿＿＿＿＿＿＿＿＿＿＿＿

价格谈定：＿＿＿＿＿＿＿＿＿＿＿＿＿＿＿＿＿＿＿＿＿＿＿＿＿＿＿

范例：

淘宝客服的应聘

顾客投诉：电话接待

跟踪调查：电话沟通、短信沟通

业务咨询：咨询、建议

汇报效益：工作汇报

协调发货：协商

价格谈定：谈判

4. 场景模拟

（1）观看《职来职往》视频，思考霸气女孩为何全场满分？

（2）每16个同学组成一组进行游戏，其他同学根据评分表判断本轮游戏中双方的聆听能力和表达能力，根据他们现场模拟的电话、谈判等内容，选出本场活动的最佳职业能手。

三、活动评价估量表

项目分类	测评项目	得分
感知与记忆	1. 词汇感知：能迅速听出材料的词语，并了解其用法。	5分
	2. 细节感知：注意谈话的细节。	5分
	3. 要点记忆：能辨别讲述的主要观点、重要内容。	5分
	4. 内容记忆：能听清对方的内容。	5分
理解与组织	5. 理解词义：辨别词义，利用线索理解词义。	6分
	6. 听出句子结构变化、声调和语气变化。	6分
	7. 听清对方讲话内容的先后顺序。	6分
	8. 明白对方说话的核心信息。	6分

项 目 分 类	测 评 项 目	得　分
理解与组织	9. 概括中心思想。	6 分
	10. 猜测隐藏信息。	8 分
	11. 推断结论，根据话语的提示进行简单推论。	8 分
反应与评价	12. 听后答问：能听懂问题，进行简单答问。	12 分
	13. 听后应对：能听懂话语的公开信息、核心信息、情感信息和隐藏信息，并做出相应的应对。	12 分
	14. 分辨正误：能够听出他人讲话中的错误或不妥之处（包括句子结构、自相矛盾、概念模糊、语音延误、根据不足等）。	10 分
得　　分		
评　　语		

　　使用要则：该测验表适用范围包含小学四年级到大学四年级，其中分四个等级水平：第一级水平为小学 4～6 年级水平；第二级水平为初中水平；第三级为高中水平；第四级为大学水平。该评价表用百分等级来解释测验得分。